Daniel Blajan

Sonnentau und Goldregen

SERIE PIPER

Zu diesem Buch

Was fasziniert einen Stadtmenschen mit ausgeprägtem Faible für kühles Design, der niemals einen Regenwurm angefaßt hätte, am Leben auf dem Land? Daniel Blajan erzählt mit viel Charme und trockenem Humor, wie er sich in einen überzeugten Hobbygärtner und Liebhaber der ländlichen Tier- und Pflanzenwelt verwandelt hat, schildert wunderbare Anekdoten rund um Bienen und Osterglocken, Nachtkerzen und Spitzmäuse. Mit Daniel Blajan entdecken wir, daß der Garten Eden vor der eigenen Haustür liegen und daß Gartenarbeit zur Weltanschauung und zur Leidenschaft werden kann. Ein kurzweiliges Buch für alle, die Blajans Hingabe teilen – das aber auch hartgesottene Skeptiker des Landlebens begeistern wird.

Daniel Blajan, in Monte Carlo geborener Engländer, wuchs in Frankreich, England und den Niederlanden auf, wo er auch heute lebt. Als Kapitän eines Kreuzfahrtschiffs ist er viel auf Reisen, schätzt aber am meisten seinen eigenen Garten, in dem das Gras so grün wie sonst nirgends auf dieser Erde ist.

Daniel Blajan
Sonnentau und Goldregen

Geheimnisse eines ländlichen Gartens

Aus dem Englischen von
Birgit Brandau und Hartmut Schickert

Piper München Zürich

Einige Kapitel sind vorab bereits auf englisch in der Zeitschrift »Country Living« erschienen.

Für Marjorie Gage

Ungekürzte Taschenbuchausgabe
Piper Verlag GmbH, München
Februar 2001

Titel der englischen Originalausgabe:
»Foxgloves and Hedgehog Days«, Houghton Mifflin Company, Boston und New York 1997

Umschlag: Büro Hamburg
Stefanie Oberbeck, Katrin Hoffmann
Umschlagabbildung: Hahn / Europa Verlag
Satz: Kösel, Kempten
Druck und Bindung: Clausen & Bosse, Leck
Printed in Germany ISBN 3-492-23243-4

Jede Stunde Licht oder Dunkelheit
erscheint mir wie ein Wunder,
Jeder Kubikzoll Raum ist ein Wunder.

WALT WHITMAN, »Wunder«

Inhalt

Warnung

IST IHR HEIM ein leuchtendes Beispiel für häusliche Disziplin? Bringt Sie schon der leiseste Hauch von Unordnung auf Ihrem Schreibtisch zur Verzweiflung? Ist Ihr Garten stets und ständig der Inbegriff ausgeglichener Perfektion? Ja? Dann ist dies kein Buch für Sie, und ich bitte Sie, es dorthin zurückzubringen, wo Sie es herhaben. Es wird Sie nicht auf den von Ihnen angestrebten Pfad weiterer Erfüllung leiten, und es wird ganz sicher keinen Aspekt behandeln, der für Sie von Interesse ist. Sie werden nichts daraus lernen. Im Gegenteil, sein süffisanter Unterton wird Sie anwidern, und somit verdient es keinen Platz in Ihren ordentlich aufgeräumten Regalen, nicht einmal auf dem untersten Brett. Übrigens: Ich beneide Sie, denn Ihr Leben ist wahrscheinlich kein dauernder Kampf mit überquellenden Schränken und beständig anwachsenden Listen dessen, was zu erledigen ist und doch irgendwie nie getan wird.

Ich möchte Sie nicht länger aufhalten, denn obwohl Sie mir mehr als willkommen wären, hege ich den leisen Verdacht, daß Sie sich danach sehnen, auf Ihren eigenen geraden und bestens geplanten Wegen zu bleiben. Falls wir uns also nicht wiedertreffen: Gott schütze Sie – und alles Gute.

Wenn Sie jedoch Ihre Briefmarken in einer Teebüchse aufbewahren, wenn die einzigen Rosen in Ihrem Garten zu einer wuchernden Art gehören und in chaotischer Harmonie wachsen, wenn Ihre Katze, die sich gerade haart, Ihren bequemsten Sessel rund um die Uhr mit Beschlag belegen darf – mit anderen Worten, wenn Sie mit einem Hang zum kreativen Durcheinander gesegnet sind –, dann könnten diese Texte haargenau Ihr Fall sein. Sie entdecken vielleicht, daß die Seiten von kurzen magischen Momenten durchsetzt sind. Sie finden vielleicht Freude an den kleinen Wundern, die ich Ihnen enthüllen will, wie beispielsweise der Stimme der Kiefernzapfen oder dem Geheimnis der weinenden Schwertlilien. Und gelegentlich vergießen Sie vielleicht sogar eine Träne, denn bei der Betrachtung von Mutter Natur kann man eines ihrer wichtigsten Merkmale nicht übergehen: Vergänglichkeit. Und Vergänglichkeit, darin werden Sie mir zustimmen, ist kaum geeignet, Fröhlichkeit aufkommen zu lassen.

Trotzdem eine Warnung: Dies ist kein Ratgeber. Wenn

Sie praktische Anleitungen für alltägliche Aufgaben suchen, muß ich Sie enttäuschen. Sie werden auch keine wissenschaftlichen Enthüllungen der Geheimnisse oder Erklärungen für die Wunder finden, denn sobald sie erklärt werden, sind sie keine Wunder mehr, und ich ziehe es entschieden vor, Wunder Bestandteile meines täglichen Lebens sein zu lassen – und hoffentlich auch des Ihren. Denn ist das Leben selbst nicht schließlich das größte Wunder überhaupt?

Deshalb lade ich Sie ein, an meinen Beeten, die eher ein Unkrautdschungel sind, entlangzuschlendern und ihre Geheimnisse zu entdecken. Machen Sie einen Spaziergang durch die angrenzenden Felder und Kiefernwälder. Nehmen Sie in meinem Garten Platz, wenn die langen Schatten in Dunkelheit übergegangen sind, und lauschen Sie den Geräuschen der Nacht. Gehen Sie …

Nein, mehr werde ich jetzt nicht verraten. Folgen Sie mir einfach. Ich bin mir sicher, Sie werden an diesen aufregenden Erkundungen genausoviel Freude haben wie ich. Sie werden Ihnen die Augen und die Ohren öffnen, so daß Sie plötzlich überall um sich herum Ihre ganz persönlichen Wunder entdecken. Sollte das der Fall sein, dann ist dieses Buch doch ein Ratgeber, allerdings mehr ein spiritueller.

Jetzt muß ich übrigens eingestehen, daß dies hier eigentlich nicht das erste Kapitel ist. Es ist eher ein Vorwort. Doch da ich festgestellt habe, daß viele Leser das Vorwort überspringen, habe ich beschlossen, es nicht so zu nennen. Können Sie mir verzeihen?

Ohrwürmer

Ich möchte gleich klarstellen, daß ich nicht immer auf dem Land gelebt habe. Genauer: Der größte Teil meines Lebens spielte sich im Dunstkreis großstädtischer Geschäftigkeit ab. Doch das Landleben war mir nie völlig fremd. Als Junge habe ich meist die Schulferien bei meiner Großmutter oder einer meiner Tanten auf dem Land verbracht, und einige Kindheitserinnerungen möchte ich auch heute nicht missen: das Gefühl feuchten Grases unter meinen nackten Füßen, das Aufschäumen des Kaffees in einem altmodischen Filter, der Geruch in der Pfanne gebratener Hausmacherwurst, der Geschmack frischgebackenen Weißbrots am Nachmittag und der faszinierende Schrecken angesichts ganzer Regimenter von Ohrwürmern, die aus den frischgepflückten Dahlien hervorkrochen und über den Küchentisch marschierten. Nicht, daß ich damals Ohrwürmer geschätzt hätte. Im Gegenteil, sie haben bei mir immer unweigerlich eine Gänsehaut verursacht, denn ich glaubte allen Ernstes, daß sie es auf die Ohren abgesehen hätten, insbesondere auf meine – warum hießen sie sonst Ohrwürmer? Selbstverständlich habe ich später gelernt, daß das nur ein Ammenmärchen war, und nach Jahren der irgendwie neurotischen Existenz in einer Wohnung im fünften Stock genügte der bloße Gedanke an Ohrwürmer, um Erinnerungen an ländliche Glückseligkeit zu wecken. Sie wurden zum Symbol für fruchtbare Erde. Doch nicht einmal in jenen fünfzehn Jahren habe ich auch nur einen einzigen Ohrwurm in einem gekauften Blumenstrauß, zwischen den Vorhangfalten oder den Bettlaken entdeckt. Fliegen gab es natürlich und auch gelegentlich eine Schabe, aber sie kamen, dank unserer sterilen Lebensweise oder auch wegen der Autoabgase, nicht häufig genug vor, um zum Symbol für irgend etwas zu werden.

Ungewöhnlich deutlich erinnere ich mich noch an das einzige Mal, wo mich ein einsamer und verlassener Ohrwurm mit seinem Besuch beehrt hat. Er krabbelte aus einem wunderschönen Rosenstrauß, den mir eine Freundin »aus dem eigenen Garten« mitgebracht hatte. Er lief über die Glasplatte des Couchtischs und versuchte vergeblich, sich unter dem monströsen Bleikristall-Aschenbecher zu verstecken. Ich fing ihn mit einer Papierserviette, denn nichts kann mich dazu bringen, einen Ohrwurm mit bloßen Händen anzufassen, und überlegte, was ich mit ihm machen sollte. Ihn aus dem Fenster werfen? Irgendwie erschien es mir angesichts eines plötzlichen Sommergewitters, das über der Stadt tobte, nicht unbedingt ratsam, ein Fenster im fünften Stock zu öffnen, und außerdem würde der Ohrwurm ganz sicher den Straßenverkehr da unten nicht überleben. Also spülte ich ihn die Toilette hinunter – mit geschlossenen Augen, denn ich bin ein Feigling –, und er tat mir sehr leid.

Doch sein Geist verfolgte mich, und in den nächsten Wochen erinnerte ich mich immer wieder daran, wie bemitleidenswert er auf dem Glastisch mit dem Chromrahmen ausgesehen hatte. Ich konnte mich des Gedankens nicht erwehren, daß er ganz sicher glücklicher gewesen wäre, wenn sich solides Eichenholz unter seinen aufgeregten kleinen Füßen befunden hätte. Wie der gediegene Tisch im ländlichen Heim meiner Tante, dachte ich und verspürte einen nostalgischen Stich. Und plötzlich erschien es mir eine großartige Idee, mein modernes Mobiliar aus Chrom, Nickel und Stahl loszuwerden. Viel zu lange hatte ich auf Charles-Eames- und Mies-van-der-Rohe-Entwürfen herumgelungert; das strenge Regiment gerader Linien und messerscharfer Kanten grub sich schön langsam in meine Seele ein. Es war an der Zeit, es zu ersetzen durch etwas eher … eher was? Ich hatte nicht die geringste Ahnung. Meine Vorstellungskraft war beinahe wie meine Möbel geworden: unflexibel, starr, durchsichtig.

Dann starb eine meiner Tanten, und ich erbte ein paar Möbel von ihr. So sehr ich ihren Tod auch bedauerte, bot er mir doch eine willkommene Ausrede, einige meiner Errungenschaften des 20. Jahrhunderts loszuwerden. Zwei Stahlrohrsessel flogen raus. Und natürlich der Couchtisch. Ein Jahr später gab eine andere Tante ihr Haus auf dem Land auf und zog in eine kleinere Wohnung. Sie beschenkte mich mit einem riesigen und etwas behäbigen alten Bauerntisch, der auf seiner Platte problemlos einen Tanzwettbewerb ausgehalten hätte, und acht zwar nicht zusammenpassenden, aber trotzdem schönen altmodischen Stühlen, die das Bild von Kerzenlicht, Reifröcken und raschelndem Taft aufkommen ließen. Sie weckten auch Erinnerungen an lange Sommerferien, warmen Apfelkuchen in der Küche meiner Tante, geheimnisvolle Waffenschränke im Arbeitszimmer meines Onkels und Katzen, die den lieben langen Tag durchs Küchenfenster herein- und hinaussprangen.

Ich freute mich wie ein Schneekönig über diese Neuzugänge und entwickelte allmählich eine Vorliebe für den Landhausstil – etwas, das damals noch nicht den heutigen modischen Stellenwert hatte und ganz sicher nicht als *Stil* bezeichnet wurde. Ich ging auf Flohmärkte und zu Versteigerungen und erwarb Einzelstücke, um meine neuen Besitztümer zu ergänzen und vor allem die Atmosphäre im Landhaus meiner Tante wiederaufleben zu lassen. Normale Menschen investieren in die Zukunft, doch ich investierte in die Vergangenheit. Ich sehnte mich nach dem sanften Glanz von altem, polierten Holz, den gedämpften Farben verblichener, leicht verschlissener Teppiche und Schalen voll mit Potpourri-Blumen. Nicht, weil letztere in Mode waren; sie waren es damals eben nicht. »Tote Blumen? Du mußt krank sein!« lautete der ständige Kommentar meiner Freunde. Sondern schlicht, weil sie für Jahre behüteten Glücks standen. Sie waren überhaupt nicht exotisch; in meiner Jugend gehörten diese Duftblumen genauso zum Haushalt wie Scheuerpulver und Geschirrspülmittel.

Aus heutiger Sicht muß ich eingestehen, daß meine Anstrengungen katastrophal fehlschlugen. Meine Wohnung erinnerte höchstens an einen besseren Trödelladen und nicht an ein noch so bescheidenes Haus auf dem Land. Erst viel später, als der Landhausstil zum Trend wurde und rasch die Städte eroberte, verstand ich warum: Der Landhausstil gehört aufs Land. In die Stadt versetzt, wirkt er künstlich, überflüssig und, tut mir leid, gelegentlich etwas lächerlich. Welchen Sinn macht zum Beispiel ein antiker Stiefelabkratzer im Flur einer Eigentumswohnung im neunten Stock? Doch genau dort haben Freunde von mir ein solches Stück. Er steht auf dem luxuriösen Teppichboden ihres mit Spiegeln ausgekleideten Flurs – an einer Stelle, wo es ganz und gar nicht angebracht ist, sich den Matsch von den Schuhen zu kratzen. Und was in aller Welt veranlaßte meinen Nachbarn, seine Zigarren in einem umgebauten, klimatisierten Vogelbauer aufzubewahren, in dem kein anständiger Vogel begraben sein möchte?

Doch ich schweife ab und sollte so schnell wie möglich zu meiner Wohnung im fünften Stock, dem Ohrwurm und meinen Versuchen, eine ländliche Atmosphäre zu schaffen, zurückkehren. Zuerst war ich zufrieden, obwohl der Tisch von meiner Tante eindeutig ein wenig zu groß war, um es gelinde auszudrücken. Und man konnte auch kaum übersehen, daß die leicht abgenutzten Ohrensessel einfach nicht zu den glänzenden Heizkörpern paßten. Statt dessen schrien sie geradezu nach einem hübschen Kamin, vorzugsweise einer Kaminecke.

Als der Landhausstil Anfang der achtziger Jahre die Städte überschwemmte, kostete ich meinen Triumph aus, als sich die Wohnungen meiner Freunde eine nach der anderen in Chintz-Paradiese verwandelten; fälschlich wurde ich allgemein als Trendsetter angesehen und dafür bewundert, der Mode so weit voraus gewesen zu sein.

In der Tat, der Landhausstil wurde zum Riesengeschäft. Eines Tages entdeckte ich in einem unserer großen Kaufhäuser eine ganze Etage, die unter Rüschen und Borten erstickte. Ganze Lawinen getrockneter Blumen und Ozeane ländlich bedruckter Baumwollstoffe ergossen sich aus Stroh- und Weidenkörben, die strategisch günstig mitten in den Gängen plaziert waren. Es war nahezu unmöglich, diesen Landhausdschungel zu durchdringen – jedenfalls nicht, ohne einige der unzähligen, in Massenproduktion hergestellten hölzernen Kreaturen umzureißen, die mich von Tischen und Regalen anstarrten und deren leicht orientalische Züge ihr Herkunftsland verrieten. Mit Schleifen geschmückte Gänse in allen Größen und gänseuntypischen Farben waren in der Überzahl. (Mittlerweile ist die mit Schleifen geschmückte Gans so beliebt, daß zu befürchten steht, daß sie in Kürze Adler und Löwen als Wappentiere verdrängen wird.) Alles war von Nostalgie durchdrungen, und man wurde auf der Stelle davongetragen – in das Reich von »Der Wind in den Weiden«. Es war wunderbar. Und gleichzeitig völlig absurd.

Dann fiel mein Blick auf einen Ohrwurm. Keinen lebendigen. Nein, eine riesige gußeiserne Kreatur, die als Stiefelknecht diente. Ich konnte ihr nicht widerstehen, und ehe ich merkte, was ich da tat, hatte ich sie schon bezahlt. Doch als man sie an der Kasse in provenzalisch gemustertes Seidenpapier wickelte, fiel mir der Stiefelabkratzer meiner Freunde und der lächerliche Vogelkäfig-Zigarrenschrank meines Nachbarn ein. War ich dabei, mich in ihre Reihen einzuordnen, indem ich etwas kaufte, das absolut funktionslos war? Zweifellos, solange ich nicht auch ein richtiges Paar Stiefel dazu erwarb.

Genau in diesem Moment öffnete sich irgendwo eine Geheimtür und Es stolzierte herein, mit einem blasierten Grinsen auf seinem gespenstischen Gesicht. »Wenn du auf dem Land lebst«, murmelte Es, *»brauchst* du Stiefel. Und wahrscheinlich nicht nur ein Paar.« Es gab ein schreckliches Kichern von sich, rieb sich die durchsichtigen Hände, zog sich, sorgfältig die Tür hinter sich schließend, wieder zurück und hinterließ mich mit einem ganz kühl berechneten Schock. In genau diesem Moment wurde mir klar, daß ich im Begriff war, eine Entscheidung zu treffen, die unweigerlich zu schlaflosen Nächten, Tagen mit rasenden Kopfschmerzen und unheimlichen roten Zahlen auf meinen Kontoauszügen führen würde. Auf was wollte ich mich da einlassen? Doch bis zum Ende der Woche war klar: Ich war bereit, mich vom Stadtleben zu verabschieden. Drei Monate später verließ ich meine Den Haager Wohnung und zog in ein kleines Bauernhaus bei einem winzigen Dorf in einer besonders ländlichen Gegend nahe der belgischen Grenze.

Das war vor sechs Jahren, und ich habe meinen schnellen Entschluß nie bereut. Ich verzichte lieber auf ein Konzert mit Beethovens »Eroica« als auf die Symphonie der Natur mit dem morgendlichen Vogelgesang und dem Wind in den Bäumen. Was wäre das Leben ohne frische Blumen, fast täglich im Garten oder außerhalb gepflückt? Oder ohne unsere romantischen, wenn auch etwas ärgerlichen Stromausfälle, die ein ganzes Regal mit Kerzen in allen Größen und Farben rechtfertigen?

Und die Ohrwürmer? Aus einem unerfindlichen Grund gab es in diesem Sommer Ohrwürmer im Überfluß, im Haus wie draußen. Und gerade jetzt, nachdem ich mich hingesetzt habe, um das Kapitel zu beenden, ist einer aus den Ritzen meiner Tastatur hervorgekrochen. Er hat mich kaum gestört. Ich habe ihn mit einem Papiertaschentuch aufgenommen (ich weigere mich noch immer, sie mit bloßen Händen anzufassen) und ihn in den Garten geworfen, wo er, so hoffe ich, bald eine gemütliche Dahlie finden und dort glücklich bis an sein Ende leben wird.

Ballett im Blumenbeet

BÄUME, DIE IHRE Zweige dem Azurblau des Himmels entgegenrecken, Blätter, die im Wind flüstern, Blumen, die in der Luft tanzen – wohlbekannte Phrasen; immer wieder lesen wir diese überschwenglichen Beschreibungen in Büchern und Zeitschriften. Auch mir fließen solche blumigen Phrasen nicht selten aus der Feder, wenn ich mich der Beschreibung unserer Flora hingebe. Und sie verdient es auch. Denn was könnte blumiger sein als unsere florale Welt. Und daher bin ich froh über die Existenz so vieler positiver Begriffe. Doch so mancher Autor hat des öfteren und unbeabsichtigt Bewegungen und Töne unterstellt, fast so, als ob Zweige, Blätter und Blumen Wesen aus Fleisch und Blut wären. Natürlich wissen wir das besser. Bäume fuchteln nicht mit ihren Zweigen herum wie ein übermütiger Tintenfisch mit seinen Armen – jedenfalls nicht, solange nicht mindestens Windstärke vier oder fünf herrscht. Und ohne einen Lufthauch werden Blätter nicht das leiseste Flüstern von sich geben und Blumen absolut reglos bleiben.

Natürlich beinhaltet das Wachstum an sich ein gewisses Maß an Bewegung und Geräusch; doch so schnell ein Keimling auch wächst, es ist immer noch viel zu langsam, um vom menschlichen Auge wahrgenommen werden zu können. Und Sie werden zustimmen, daß das Geräusch einer Blume beim Entfalten ihrer Blütenblätter schlicht und einfach zu gleichförmig ist, um weiter darüber nachzudenken. Aber stimmt das?

Ich weiß, daß dem nicht so ist. Immer und immer wieder habe ich über die Fähigkeit von Pflanzen, Blumen und Keimen gestaunt, Töne und Bewegungen zu produzieren, die, so subtil sie auch sind, sicht- und hörbar werden, sobald wir unsere Augen und Ohren dafür öffnen. Für mich steht es zweifelsfrei fest, daß manche Blumen tatsächlich flüstern und tanzen, gerade dann, wenn kein Wind weht. Lassen Sie mich Ihnen dieses kleine Wunder aufzeigen, denn es lohnt sich, es zu kennen.

Als Kindergartenkind verbrachte ich die Sommerferien immer bei meiner Großmutter, die damals in einem kleinen Dorf inmitten der holländischen Tulpenfelder lebte. Ich erinnere mich noch gut an die glücklichen Tage voller Sonne und Freuden wie Fröschefangen, auf Bäume klettern und Katzen scheuchen (allerdings scheuchte der riesige, boshafte Kater öfter mich als ich ihn). Die Tage schienen endlos zu sein, doch die Schlafenszeit holte mich jedesmal ein, so sehr ich auch alles in meiner Macht Stehende versuchte, sie hinauszuschieben. Wenn mir die Tricks, den schrecklichen Moment wenigstens um eine weitere Minute zu verzögern, schließlich ausgegangen waren, beschwichtigte eine Gutenachtgeschichte ein wenig meinen Ärger, meine Lieblingsbeschäftigungen aufgeben zu müssen. Meine Großmutter hatte eine sehr lebhafte Phantasie, und ihre Geschichten waren immer voller Zauber und Wunder. Sobald die Menschen zu Bett gegangen waren, erwachten Tische und Teekannen angeblich zum Leben, Stühle plauderten und, ja, Blumen sangen und tanzten. Natürlich glaubte ich ihr jedes Wort, doch so sehr ich mich auch bemühte, es gelang mir nie, Geschirr und Möbeln weiszumachen, ich schliefe und sie könnten sich nun nach Lust und Laune austoben. Doch eines Abends gelang es mir wundersamerweise, die Blumen zu übertölpeln.

Hinter dem Schuppen, gut versteckt, hatte ich mein eigenes kleines Stückchen Land. Das war mein geheimer und geheiligter Garten, unberührt von der Welt der Erwachsenen. Dort wucherten Salat und Lauch einträchtig neben Gänseblümchen und Sauerampfer sowie, in diesem speziellen Jahr, einem kleinen Dschungel von Nachtkerzen oder *Oenothera* (allerdings muß ich ehrlicherweise zugeben, daß ich damals den Namen noch nicht kannte).

Nachtkerze. Schon in ihrem Namen pulsiert Zauber. Er weckt das Bild umhertollender Elfen, als sei ein Bild von Arthur Rackham zum Leben erwacht. Und, glauben Sie mir, diese schönen Blumen des Mondes pulsieren in der Tat – nicht nur mit Zauber, wie ich entdecken sollte.

Eines Abends, nachdem mir meine Großmutter wieder einmal eine besonders lebhafte Gutenachtgeschichte von Blumen, die fröhlich mit Elfen und Kobolden herumhüpften, erzählt hatte, beschloß ich, daß es höchste Zeit sei, ein so schönes Ereignis endlich mit eigenen Augen zu schauen. Ich kroch aus dem Bett und stahl mich unbeobachtet durch die Hintertür in den Garten. Es war noch nicht dunkel, doch die Sonne war schon untergegangen, und es handelte sich um eine jener seltenen Nächte, in denen man das Gefühl hat, man könne das Licht nahezu greifen und wie einen schimmernden, violetten Schatz in Händen halten. Die ideale Nacht für den Tanz der Blumen.

Ich sah mich verstohlen im Garten um, doch offensichtlich hatten alle Blumen meine Ankunft bereits bemerkt und blieben stocksteif. Auf Zehenspitzen ging ich zum Schuppen und lugte heimlich um die Ecke. Und da sah ich das große und atemberaubende Wunder: In der Stille der Nacht erwachten die Blüten der Nachtkerzen zum Leben. Eins nach dem anderen entfalteten sich die großen hellgelben Blütenblätter, Blüte für Blüte, wie Schmetterlingsflügel. Sie entfalteten sich mit solcher Geschwindigkeit, daß die Stiele – ja, die gesamten Pflanzen – zitterten und bebten wie eine nervöse Balletttruppe kurz vor dem Auftritt. Meine gespitzten Ohren erhaschten auch ihre Stimmen: ein leises, geheimnisvolles Seufzen, wie das Flüstern von Elfenlippen. Schon bald beteiligten sich die Nachtfalter am Spiel und weideten sich am Nektar. In großer Zahl huschten sie von Blüte zu Blüte und ergänzten anmutig das Blumenballett. Ich rührte keinen Finger; hypnotisiert von diesem magischen lebenden Bild stand ich nur da und wagte kaum zu atmen, um den Zauber jener Vorstellung nicht zu zerstören, bei der die Blüten als Ballerinen zu den leisen und schnellen Schlägen der zitternden Insektenflügel tanzten.

Ich weiß nicht, wie lange ich dort stand, doch ich erinnere mich, daß der letzte Rest Tageslicht plötzlich verschwand und es so dunkel wurde, daß ich nichts mehr sah. Voller Glückseligkeit schlüpfte ich zurück ins Bett. Ich wußte, daß ich in jener Nacht mein erstes Wunder erlebt hatte: Die Blumen hatten allein für mich getanzt.

Es handelte sich um einen jener seltenen Momente, die für alle Zeit in meinem Gedächtnis haften blieben, und nachdem ich aufs Land gezogen war, entschied ich, daß es nun im Rahmen des Möglichen läge, dieses Erlebnis aus meiner Kindheit zu wiederholen. Es bedurfte einiger Anstrengungen, um das zu erreichen, denn anfangs entdeckte ich bei meiner Suche nach Nachtkerzen nur verschiedene in Gärtnereien gezüchtete Sorten mit riesigen gelben Blüten und kurzen Stielen. Sie waren erstaunlich genug, erwiesen sich aber als absolut unkooperativ. Kein einziges Mal vollführten sie auch nur *einen* Pas de deux. Sie blieben so schlaff und leblos wie Taschentücher auf der Leine an einem windstillen Tag. Doch vor zwei Jahren fand ich ganz zufällig eines Nachmittags, versteckt am Rande eines verlassenen Felds vor dem Dorf, eine größere Gruppe wilder Nachtkerzen. Ich nahm einige Samen mit und säte sie in einer geschützten Ecke hinter dem Geräteschuppen aus.

Jetzt, nach so vielen Jahren, tanzen die Nachtkerzen wieder für mich und alle, die daran teilhaben möchten. Dieser Blumenball ist für mich mittlerweile zu einem der Höhepunkte des Sommers geworden. An windstillen Juliabenden stelle ich mir einen Sessel an diesen verschwiegenen Platz. Ich setze mich hinein und warte. Lange muß ich nicht warten: Sobald es dämmert, erwachen die Blüten zum Leben. Sie entfalten sich mit ruckartigen, spiralförmigen Bewegungen, und ihr Duft zieht sofort Massen von Nachtfaltern an, durstig nach einem langen Tag der Untätigkeit. Ihre zitternden Flügel erfüllen die Luft mit aufgeregtem Flüstern. Ich sauge jede Einzelheit dieser Traumbilder in mich auf, fühle mich wie eine Königliche Hoheit bei einer Galavorstellung. Mein Garten ist die Bühne, und die Blüten und Falter sind die Darsteller bei diesem hinreißenden Schauspiel.

Doch nichts dauert ewig. Sobald die letzte Blüte ihre Zugabe geleistet und sich geöffnet hat, senkt sich der Vorhang der Dunkelheit über dem zauberhaften Ballett im Blumenbeet. Ich gehe zurück ins Haus und bin wieder einmal in meinem Glauben bestärkt, daß alle, die nicht an Wunder glauben, in der Tat ein ödes Leben führen.

Wunderpilze

OBWOHL ICH DAVON überzeugt bin, der schlechteste Gärtner der Welt zu sein (viele meiner Bekannten sind das übrigens auch – davon überzeugt, meine ich), liebe ich die Gartenarbeit. Das ist wahr. Es gibt nichts Schöneres, als ein Fleckchen Boden zu besitzen, ein eigenes, persönliches winziges Stückchen unserer Erde. Und »ihren Plan ganz zu erfassen, ihn dann zu formen, näher nach des Herzens Wunsch« (in freier Interpretation von Omar Hayyām), ist eine der größten Freuden des Lebens. Doch irgendwie habe ich beim Formen meines Fleckchens – ein Prozeß, der nie ein Ende findet, – eine unglückselige Neigung zu ungebetenen Gästen entwickelt. Und glauben Sie mir, davon gibt es viele in einer ländlichen, waldreichen Gegend wie hier, so daß der Kampf gegen Unkräuter, Sämlinge und Moose nie aufhört. Der wahre Kern meines Problems ist allerdings, daß sie mir leid tun und ich sie nur äußerst widerstrebend ausreiße. Manchmal lasse ich es auch, und vor ein paar Jahren habe ich beschlossen, einen bestimmten Teil des Gartens zum »Haus der offenen Tür« für alles, was Wurzeln, Blätter oder Blüten hat, zu erklären – allerdings mit Ausnahme einiger unangenehmer Gräser mit tyrannischen Charaktereigenschaften. Ich bezeichne diesen Bereich als Zwergengarten. Nicht, weil hier ein paar herumlungernde Gipsfiguren eine Heimat gefunden hätten. Nein: Leuchtend bunte Gartenzwerge und ich haben uns nie gemocht. Sondern weil ich denke, daß sich das kleine Völkchen, falls es wirklich existiert – und wer bin ich, dem zu widersprechen? – sich hier wohl fühlen würde. Eine Theorie übrigens, die ich in einem späteren Kapitel hoffentlich vertiefen kann. Bis dahin lassen wir die Zwerge in Frieden und kehren ohne Umschweife zum Garten zurück.

Für mich ist dieser vernachlässigte Fleck eine Quelle endloser Freude und zahlloser angenehmer Überraschungen. Unter der Hecke dahinter lebt eine Spitzmausfamilie. Gegen Abend kommen sie normalerweise aus ihrem unterirdischen Bau und stöbern auf der Suche nach Schnecken und Insekten herum. Würmer stehen auch auf ihrer Speisekarte, und die Tatsache, daß jene manchmal doppelt so lang sind wie sie selbst, stört sie nicht im geringsten. Es ist faszinierend zu beobachten, wie sie mit einem Zwölf-Zentimeter-Mahl fertig werden – die Spitzmäuse selbst sind nur gut sechs Zentimeter lang: Mit großer Bestimmtheit ziehen und zerren sie daran, bis schließlich das letzte Stück Wurm in ihren hungrigen Mägen verschwunden ist.

Die Spitzmäuse überraschten mich auch mit einem der herrlichsten Spektakel, die mir mein Garten je bot. Ich sah folgendes: Ein winziges, langes Schnäuzchen spähte vorsichtig aus seinem Loch (ich kenne die genaue Lage) unter der Hecke und prüfte die Umgebung. Nachdem alles als sicher und frei eingestuft worden war, folgte der restliche Körper. Aber er oder sie war nicht allein; ein weiteres, viel kleineres Schnäuzchen folgte, und noch eines, und noch eines, und ... Ich traute meinen Augen nicht, denn hier marschierte die gesamte Familie in perfekter Formation durch den Garten, eine Karawane mit einem Erwachsenen an der Spitze und fünf Jungen dahinter. Jedes biß mit seiner tapirähnlichen Schnauze fest in das Fell seines Vorgängers, und das Ganze sah aus wie ein merkwürdig geformter, pelziger Tausendfüßler, der sich im Zickzack durchs Unkraut wand.

Langsam, ganz langsam beugte ich mich vor, um das Phänomen näher zu betrachten. Doch das war nicht langsam genug, denn sie bemerkten mich auf der Stelle und flitzten zurück in ihren Bau – ohne dabei ihre Formation aufzugeben. Später erfuhr ich, daß dies die bei Spitzmäusen übliche Praxis ist, wenn die Eltern ihre Jungen zum erstenmal ausführen, doch ich habe danach nie wieder einen solchen Auftritt beobachten können.

Nicht nur Spitzmäuse leben in diesem Teil des Gartens; tagsüber ist er ein beliebter Treffpunkt für Amseln, Meisen und ein Rotkehlchen, die allesamt meine Wildnis den ordentlichen Rabatten meiner Nachbarn vorziehen. Von morgens bis abends kann man die Vögel sehen und hören, während sie ihren Anteil an der Gartenarbeit verrichten und ihn herrlich frei von Schädlingen halten.

Außer den Spitzmäusen im Gänsemarsch habe ich noch weitere Wunder im Zwergengarten beobachtet. Zugegeben, es waren kleinere, aber doch meine ganz persönlichen Wunder. Lassen Sie mich Ihnen ein Beispiel erzählen.

Eines sonnigen Morgens in diesem Sommer saß ich an dem alten gußeisernen Tisch und erfreute mich an meiner ersten Tasse Tee. Ich war dabei, den Garten visuell zu inspizieren, denn es war Hochsaison, jene Zeit, in der Veränderungen rasch erfolgen. Man geht zu Bett mit der vagen Überlegung, in einer langweiligen Ecke etwas Farbe hinzuzufügen, und entdeckt dann am nächsten Morgen ein völlig anderes Muster, das auf der Stelle alle diesbezüglichen Pläne überflüssig macht. Plötzlich blühen alle Rhododendronbüsche und werden von Hummeln umschwärmt. Oder man entdeckt, daß sich die grünen Spitzen des Fingerhuts über Nacht in violette, rosafarbene und weiße Kerzen verwandelt haben.

Doch an diesem Morgen fiel mir etwas Ungewohntes

und Merkwürdiges ins Auge: ein kleines kugelförmiges Objekt am Fuß der Hecke hinter dem Zwergengarten. Vielleicht ein verirrter Tischtennisball? Das war unwahrscheinlich, denn am Vortag war das Ding ganz sicher noch nicht dort gewesen. Eine Eierschale aus dem Nest der Ringeltauben? Nein, Farbe und Form stimmten ganz und gar nicht. Ich machte mich zu einer sofortigen Besichtigung auf und entdeckte einen Pilz. Er war absolut glatt und weißlich, gummiartig und völlig anders als alle Arten, die ich bis dahin kannte. Getreu meiner Toleranzpolitik ließ ich den Eindringling stehen. Ich trank meinen Tee aus und unternahm eine zweite Untersuchung. Erst jetzt entdeckte ich, daß er doch nicht so glatt war: An der Seite befand sich ein geheimnisvoller Riß, hinter dem etwas Rosafarbenes verborgen war. Seltsam, daß mir dieses gut sichtbare Detail entgangen war. Ich ging ins Haus, um mir neuen Tee zu holen, und als ich zurückkam, sah ich zu meinem großen Erstaunen, daß sich die Öffnung geweitet hatte und ein kleines Ding in Rosa und leuchtendem Orange zaghaft herausragte. Es sah aus wie etwas, das eher in ein Aquarium gehört. Und es wirkte auf mich auch ein wenig obszön.

Ich beschloß, sitzen zu bleiben und es zu beobachten. Ohne Frage: Es wuchs, und zwar schnell! Innerhalb von einer halben Stunde hatte das orangefarbene Objekt die Form eines kleinen, freistehenden Organs mit einer schwarzen Mütze angenommen. Als Fliegen kamen, es umschwärmten und ein merkwürdiger Geruch in meine Nase stieg, dämmerte mir, daß es sich bei meinem Besucher um einen Vertreter der Rutenpilze handeln mußte, die nach Aas riechen. Nach einer Stunde ununterbrochenen Wachsens hatte er seine Größe verdoppelt. Ich sah fasziniert zu, und ich schwöre, daß ich ganz kleine, kaum wahrnehmbare ruckartige Bewegungen beobachtete, die *nicht* den Fliegen zuzuschreiben waren. Höher und höher reckte er sich in die Luft, furchtlos schob er einen Zweig beiseite, der ihm im Weg lag. Bis zum Mittag war er zehn Zentimeter groß. Er wirkte ungeheuer lebendig, als ob er jeden Moment davonkrabbeln könnte.

Natürlich tat er nichts dergleichen, und er hörte auch auf zu wachsen. Am nächsten Tag war er umgeknickt. Er lag in voller Länge auf dem Boden wie eine große orangefarbene Schnecke. Es war mir möglich, ihn zu identifizieren: Tatsächlich handelte es sich um einen Rutenpilz. *Mutinus caninus,* Hundsrute, besagte mein Bestimmungsbuch.

Weitere sind seither aufgetaucht, doch nicht alle sind so spektakulär gewachsen. Ich habe ihnen einen eigenen Namen gegeben: *Fungus miraculus,* Wunderpilz. Denn, wie schon gesagt, ich glaube an Wunder. Viel zu oft halten wir sie für selbstverständlich, und ich finde, ab und an sollten wir uns daran erinnern lassen, daß Wunder tatsächlich geschehen.

Schwatzende Kiefernzapfen

Seit meinen Erfahrungen mit der Nachtkerze habe ich nach weiteren Energien und stimmlichen Qualitäten im Pflanzenreich Ausschau gehalten. Dabei habe ich entdeckt, daß bestimmte Vertreter unserer Flora sich noch schneller bewegen und weit lautere Stimmen haben als die *Oenothera*. Hier also der Bericht, wie sich mir ein weiteres Wunder (verzeihen Sie mir, aber ich kann einfach nicht genug davon bekommen) enthüllt hat: die Geschichte von den schwatzenden Kiefernzapfen.

Ich bin ein ausgesprochener Fan von Kiefernzapfen; Kiefern und ich hatten immer schon ein enges Verhältnis zueinander. Mein allererstes Spielzeug, so hat mir meine Mutter erzählt, war eine Piniennadel. Ich hatte sie bei einem Picknick mit der Familie in den Bergen oberhalb von Monte Carlo, wo ich geboren bin, gefunden und wollte mich nicht mehr von ihr trennen. Ich kann mich nicht daran erinnern, aber die Nadel befindet sich immer noch in meinem Besitz: Sie klebt, zusammen mit anderen Erinnerungsstücken, in einem Album, das meine Mutter für mich angelegt hat. Sie befindet sich oben links auf einer Seite mit einigen Schwarzweißschnappschüssen von der Stelle eben dieses Picknicks. Das Alter hat sie spröde werden lassen, und ich fürchte, sie wird sich bald in Staub auflösen.

Ich muß ungefähr sieben gewesen sein, als ich entdeckte, wie das Wetter die Schuppen der Kiefernzapfen beeinflußt. Wenn sie reif sind, öffnen sie sich in der Wärme, schließen sich aber wieder, sobald die Luft feucht wird. Auf der Stelle fügte ich einen Kiefernzapfen meiner beträchtlichen Sammlung an meteorologischen Geräten hinzu: einem alten Thermometer, das bis auf fünf Grad Abweichung genau war, einem hölzernen Wetterhäuschen, bei dem bei Regen wie bei Sonnenschein immer die Frau draußen stand, eine Phiole mit Haifischöl, die mir ein Onkel, der zur See fuhr, von den Bermudas mitgebracht hatte (das Öl sollte angeblich trübe werden, wenn schlechtes Wetter bevorstand), und, mein kostbarster Besitz, eine Postkarte mit einem Mädchen in einem Wunderkleid; ein Kleid, das sich bei Regen rosa und bei schönen Wetter blau färbte. Der Kiefernzapfen sollte schon bald zum Untergang meiner Sammlung führen, denn da ich herausgefunden hatte, daß er nur dann funktionierte, wenn er der Witterung direkt ausgesetzt war, baute ich meine gesamten Gerätschaften außen auf der Fensterbank vor dem Küchenfenster auf. Dort würden, so meinte ich, meine Messungen genauer sein. Doch bevor ein erwachsenes Familienmitglied den Umzug bemerkt hatte und die Sammlung hätte retten können, zerstörte ein plötzlicher Regenguß die Karte; und Häuschen, Phiole und Thermometer wurden Opfer der Katze, die sie bei dem Versuch, ihr Territorium zu verteidigen, auf den Steinboden unter dem Fenster stieß. Nur der Kiefernzapfen konnte gerettet werden. In einem Anfall von Kreativität malte ich ihn golden an, und er hing viele Jahre lang an unserem Weihnachtsbaum. Ich habe ihn immer noch.

Kiefernzapfen haben nie ihre Anziehung auf mich verloren, und sie gehören für mich immer noch zu den faszinierendsten Entwürfen der Natur. Wenn ich durch unsere örtlichen Kiefernwälder wandere, finde ich oft die Wege übersät mit Zapfen. Ich kann ihnen nicht widerstehen, und wann immer es möglich ist, sammle ich eine Tüte voll (oder zwei, wenn jemand dabei ist, der mir hilft). Ich trage sie nach Hause wie einen kostbaren Schatz und habe vielerlei Verwendung für sie. Wenn die Schuppen offen sind, schüttele ich die Zapfen erst einmal über einer Zeitung aus, um die Samen zu sammeln, die dank ihres Flügels mit einer spiralförmigen Bewegung herauswirbeln. Diese Samen sind als besonderer Leckerbissen für die Vögel und

Eichhörnchen gedacht. Die leeren Zapfen lege ich in einen Korb und hebe sie bis zum Winter auf. An den langen Winterabenden werfe ich sie ins offene Feuer, und sie verschaffen mir Momente reinen, wenn auch kurzen Vergnügens; denn wenn sie auch sehr schnell verbrennen, so braucht es doch nur Minuten, und das würzige Aroma verbrannten Harzes durchzieht das gesamte Haus.

Manchmal sortiere ich die größten und schönsten Exemplare aus und reihe sie auf Fensterbänken, in Bücherregalen oder über dem Kamin auf. Pragmatischen Gemütern mag das kaum als sonderlich nützlicher Verwendungszweck erscheinen, aber Gott sei Dank bin ich weit vom Pragmatismus entfernt, und mir gefällt das Ergebnis sehr. Ich lehne mich zurück, freue mich der Früchte meiner dekorativen Ambitionen und fühle mich wie ein Hobbit in seinem gemütlichen unterirdischen Heim – auch wenn ich nie den Tag vergesse, an dem die Zapfenernte eine Kolonie winziger Käfer beherbergte, die ausschwärmten und sich über Wände und Decke verteilten, sobald die üblichen Stellen mit den Zapfen dekoriert waren.

Erst kürzlich fand ich heraus, daß Kiefernzapfen neben meteorologischen, dekorativen und olfaktorischen Qualitäten noch mehr Asse im Ärmel, besser gesagt, in ihren Schuppen haben: Sie sprechen! Bitte lachen Sie nicht. Und ich will auch kein Gemurmel von der letzten Bank da hinten hören. Es ist absolut wahr: Kiefernzapfen haben Stimmen, die gelegentlich recht kräftig sind, auch wenn es zugegebenermaßen ein bißchen viel verlangt wäre, von ihnen Rezitationen der Werke von Milton oder Dylan Thomas zu erwarten. Auch Puccini-Arien singen sie keine.

Es begann eines Nachmittags bei einem erfrischenden Spaziergang im Regen. Ich entdeckte eine Kiefer, die kurz zuvor gefällt worden war, und sah, daß ihre Äste ungewöhnlich große Zapfen trugen. Sie waren noch nicht reif, und die mahagonifarbenen Schuppen waren so fest geschlossen wie die Lippen prüder alter Jungfern. Ich wollte herausfinden, ob sie an einem warmen, trockenen Platz in meinem Haus ausreifen und sich öffnen würden, und pflückte eine Tüte voll. (Ich verlasse nie das Haus, ohne nicht mindestens eine Tüte in die Tasche zu stecken.) Zu Hause legte ich sie auf den Heizkörper in der Küche und vergaß sie prompt.

Mitten in der Nacht weckte mich ein komisches Geräusch. Einbrecher, dachte ich. Also blieb ich im Bett, wartete auf weitere Geräusche und hoffte auf eine Eingebung, was zu tun sei. Ein Einfall kam nicht, aber wiederum das Geräusch. Nein, ein Eindringling war das wohl doch nicht. Es war ein ungewöhnlicher Ton, fast wie die Explosion eines kleinen Feuerwerkskörpers. Dann herrschte wieder Stille. Und dann eine erneute Explosion. Himmel, stimmte etwas mit dem Herd nicht? Ich hüpfte aus dem Bett und raste in die Küche, von wo das Geräusch kam. Im selben Moment ertönte ein erneutes »Peng!«, aber nicht vom Herd her. Dann sprang in der Nähe des Heizkörpers etwas auf den Boden. Nun rechnete ich eher mit dem Trippeln flüchtender Mäuse oder vielleicht dem eines Marders, denn in unserer Gegend gibt es manche ungewöhnlichen Besucher. Aber es war nichts zu hören. Ich ging hinüber zum Heizkörper und beugte mich gerade darüber, als wieder ein lautes »Peng!« zu hören war. Gleichzeitig flog ein Kiefernzapfen in die Luft und rollte dann über den Küchenboden, wo schon drei andere lagen.

Meine Erleichterung war unbeschreiblich. Keine Einbrecher. Keine Mäuse, die fast genauso verheerend sind. Nur Kiefernzapfen, die ihre Schuppen auf dem warmen Heizkörper öffneten: ein abrupter Prozeß, der mit einem merkwürdigen explosionsartigen Geräusch einherging und bei dem die plötzliche Spannung bei einigen dazu führte, daß sie hochsprangen und auf den Küchenboden fielen. Obwohl mir meine Entdeckung recht gut gefiel, sammelte ich doch die Zapfen ein und brachte sie hinters Haus, denn ich befürchtete, daß mich die Explosionen den Rest der Nacht nicht mehr schlafen lassen würden.

Eines schönen Nachmittags zu Beginn der diesjährigen Zapfensaison ging ich mit einem Freund meinen Lieblingsweg entlang, der durch einen großen alten Kiefernwald führt. Es war ein warmer und windstiller Tag, und sogar die Vögel hatten aufgehört zu trällern, wie sie das oft um die Mittagszeit tun. Wir schlenderten in schläfrigem Schweigen dahin, als wir plötzlich über uns ein merkwürdiges Geschwatze bemerkten, als würden tausend winzige

Hexen miteinander tratschen. Was in aller Welt konnte das sein? Es ging kein Wind, und ich konnte weder einen einsamen Vogel noch ein übermütiges Eichhörnchen in den Zweigen entdecken. Wir lauschten, wir schauten und reckten unsere Hälse, bis sie schmerzten, doch nein, nichts bewegte sich, kein lebendes Wesen war zu sehen. Doch irgend etwas war dort zu hören. Dann dämmerte es mir plötzlich. Die Zweige dieses speziellen Baumes waren voll mit kleinen Zapfen, die gerade reif wurden. Kaum jemals hatte ich solch eine Menge an einem einzelnen Baum gesehen. Und an diesem warmen, trockenen Nachmittag öffneten sich Abertausende von Schuppen, und jede gab dabei ein leises Schnattern von sich …

Mein Freund und ich setzten uns auf einen bemoosten Baumstumpf und lauschten eine ganze Weile, denn wir beide fanden, daß dem Baum bei dieser einzigartigen Vorstellung ein aufmerksames Publikum gebührte.

Einzig und allein Osterglocken

ES WAR FRÜHHERBST, als ich aufs Land zog, und ich hatte mir vorgenommen, daß der erste Frühling in meinem Garten etwas ganz Besonderes werden sollte. Ein Fest der Farben, ein überwältigendes Schwelgen in floraler Pracht. Wie ich das erreichen würde, wußte ich allerdings nicht. Nach vielen, vielen Jahren besaß ich erstmals einen Garten; was Gartenbau betraf, war ich ein blutiger Anfänger, und mein Wissen basierte im wesentlichen auf den Erfahrungen mit Geranien, Petunien und von Blattläusen heimgesuchten Maßliebchen in Töpfen auf dem Balkon meiner Wohnung. Ich machte mir keine Sorgen. Schließlich hatten wir erst Oktober, und mir blieben Unmengen von Zeit, die Bestellformulare der zahllosen Gartenbaubetriebe auszufüllen, deren Kataloge sich auf meinem

Schreibtisch stapelten, und auch das eine oder andere Gartenbuch zu Rate zu ziehen.

Natürlich war es nicht so einfach, und das erste Problem stellte sich auch sofort: Das ideale Gartenbuch schien nicht zu existieren. Nicht, daß die Buchhändler keine Auswahl zu bieten hatten. Im Gegenteil, in der Abteilung Gartenbücher befand sich eine verwirrende Vielzahl an Büchern zu einer unüberschaubaren Menge von Themen in den Regalen. Aber kein einziges beantwortete alle meine Fragen. Es gab Bücher über rote Rosen, Bücher über weiße Lilien. Bücher mit großartigen Fotos, aber keinerlei Ratschlägen, Bücher mit ausgeklügelten Plänen und Vorschlägen für Beete, die einen Chefgärtner mit mindestens zehn Helfern für die Anlage und die Pflege benötigt hätten. Bücher über ... Die Liste war endlos, und ich gab deprimiert auf.

Statt dessen ging ich zu den Kinderbüchern, wo ich auch bald ein hübsches Buch für meine achtjährige Nichte fand. Es drehte sich um Osterhasen und war wunderschön illustriert. Ein Bild fiel mir besonders ins Auge: Zwei sehr intelligent aussehende Häschen saßen unter blauem Himmel in einem Osterglockenfeld. Die Häschen waren einfach niedlich, und die Osterglocken waren ... nun, *die* Osterglocken schlechthin – verzeihen Sie mir, wenn das albern klingt, aber so war es. Und plötzlich wußte ich: In meinem Garten sollten Unmengen von Osterglocken blühen. Osterglocken auf dem Rasen, Osterglocken in den Beeten. Osterglocken unter der Hecke, Osterglocken am Teich. Ich sah mich in der

Rolle eines floristischen Midas, bei dessen Berührung sich im Frühling alles um das Haus herum in eine Orgie aus Gold verwandeln würde.

Sie merken, ich habe eine heimliche Vorliebe für Osterglocken. Ich kenne keine Blume, die ein schöneres Gelb hervorbringt, die den Geist des Frühlings besser verkörpert als die gewöhnliche Osterglocke mit ihrer schwingenden Trompete. Und sogar die Häschen würden zu finden sein, genau wie auf dem Bild in dem Buch für meine Nichte, denn ich hatte kurz zuvor bemerkt, daß einige Wildkaninchen in meinen Garten kamen. Sie lebten irgendwo unter der Hecke, ein gut getarnter Eingang zu ihrem Bau mündete offenbar auf meiner Seite. Gelegentlich hoppelten sie über den Rasen, fraßen hier ein Blättchen, dort ein Grashälmchen und richteten im großen und ganzen sehr wenig Schaden an. Ja! Häschen und Osterglocken, das war's eindeutig! Voller Begeisterung eilte ich nach Hause und studierte die neuesten Blumenzwiebelkataloge.

Eine gute Stunde später war ich kein bißchen klüger, denn ich entdeckte, daß es sich mit Osterglocken genauso verhält wie mit den Büchern. Seite um Seite Narzissen in Dutzenden von Variationen. Große, kleine, orangefarbene. Manche waren zu gelb, andere zu blaß. Spät blühende, besonders empfehlenswerte, »unsere Lieblingssorte«. Manche sahen wie Rosen aus, andere wie unheimliche Spinnen, wieder andere, als hätten sie eine Psychoanalyse nötig. Alle hatten phantasievolle Namen, die an Tapeten oder billige Möbel eines obskuren Versandhauses erinnerten, und die Beschreibungen waren mit den absurdesten Adjektiven gespickt. Keine sah aus wie die einfache, normale Osterglocke, die mir vorschwebte. Einfachheit war, so schien es, aus der Mode gekommen. Es war frustrierend!

Schließlich griff ich zum Telefon und rief die Nummer im Katalog an. Eine freundliche, aber irgendwie mechanisch klingende Dame meldete sich.

»Ich suche eine spezielle Sorte von Osterglocken«, erklärte ich, »aber ich bin mir nicht sicher, ob Sie sie in Ihrem Katalog haben.« Das sei kein Problem, man habe noch mehr auf Lager. Wie sei es mit der Sorte X (ich glaube, sie hieß »Morgenröte« oder vielleicht auch »Sonnenuntergang in Florida«), mit Blüten von dunklem Orange, fast rot. Nein, das war es nicht, was ich mir vorgestellt hatte, ich wollte ganz normale gelbe.

»Also, wir haben ...« Es folgte eine Aufzählung von mindestens acht verschiedenen Sorten, doch keine hörte sich wie das an, was ich wollte. Das Bild von meinem Häschen in einem Feld sich sanft wiegender Osterglocken entschwand rasch in weite Ferne.

»Haben Sie denn keine Häschen-Osterglocken?« wagte ich schließlich einen verzweifelten Vorstoß.

»Ja, wir haben in der Tat eine neue Sorte, die ziemlich flaumig aussieht. Sie ist weiß und erinnert stark an Jasmin ...« Und so weiter, und so fort.

Es war unmöglich. Ich bedankte mich, legte auf und ging

in den nächsten Supermarkt, wo es meines Wissens eine nette kleine Gartenabteilung und ein Regalbrett mit abgepackten Blumenzwiebeln gab. Ich hatte Glück. In einer Ecke fand ich einen Stapel Schachteln mit Osterglockenzwiebeln, nur eine einzige Sorte. Sie waren bescheiden als »Osterglocken« bezeichnet und mit einem einfachen Bild versehen. Genau das, was ich wollte. Ich kaufte alle.

Überspringen wir die nächsten Monate. Die Stunden, die ich an einem kalten Novembermorgen brauchte, um die Löcher zu graben, deren Zahl mir wie eine Million vorkam (in meiner Begeisterung hatte ich viel zu viele Zwiebeln gekauft), und sie richtig herum einzupflanzen. Die Spannung: werden sie austreiben? Habe ich sie zu tief eingepflanzt? Die zahllosen Augenblicke am Fenster, in Betrachtumg der öden winterlichen Kahlheit, während ich mich nach dem Frühling sehnte und mir den Garten mit einer Unzahl von Osterglocken vorzustellen versuchte, deren Blüten im Wind nickten. Vergessen Sie nicht, das war im ersten Jahr, und alles war neu für mich; ich hatte noch nicht gelernt, daß Geduld eine der wichtigsten Eigenschaften des erfolgreichen Gärtners ist.

Und dann war es plötzlich Ende Februar. Der Tag war sehr mild, und die Sonne, die zwar noch tief stand, erweckte auf der Stelle die Flora meines Gartens zum Leben. Überall entdeckte ich Sprießendes und Keimendes, und zahllose grüne Speere schoben sich gewissenhaft durch die dunkle Erde und den noch winterlich aussehenden Rasen.

Die Osterglocken kamen heraus! Jetzt konnte es nicht mehr lange dauern, bis sie blühten, bis die erste Trompete den Frühling verkündete.

Doch sie waren dem Untergang geweiht! Noch ehe sie auch nur die Chance hatten, Knospen auszubilden, fielen sie den Kaninchen zum Opfer, die eine unerwartete und unvergleichliche Gefräßigkeit entwickelten. Zugegeben, ich habe nichts unternommen, um die Katastrophe abzuwenden. Wenn man eine Sippe junger Häschen über den Rasen tollen sieht, ist man ganz und gar nicht in der Lage, ihnen ihre Lieblingsleckerbissen zu verweigern. Die Art, wie sie das zarte Frühlingsgrün Spitze für Spitze vorsichtig abknabbern, hat eindeutig etwas Liebenswertes. Erst wenn sie sich zur Ruhe gelegt haben, die kleinen Mägen gefüllt mit den Früchten unserer Arbeit, kann man ein gewisses Maß an Zorn entwickeln, aber dann ist es schon viel zu spät, um noch etwas dagegen zu unternehmen.

Als ich mir dann aber eines Morgens meinen Fuß schwer in einem Kaninchenloch verstauchte, das über Nacht mitten auf dem Rasen angelegt worden war, brachte das das Faß endgültig zum Überlaufen, und ich bestellte den Kaninchenjäger. Ich sagte ihm, er solle mir die Viecher vom Hals schaffen. Ich sagte ihm auch, ich sei feige und wolle nicht wissen, mit welcher Methode. Ich würde ihn einfach bezahlen, ein paar Tage wegfahren und bei meiner Rückkehr einen komplett häschenfreien und häschengesicherten Garten vorfinden wollen. Und tatsächlich war, als ich zurückkam, am Zaun Kaninchendraht gespannt, und alle Löcher waren aufgefüllt.

Etwa einen Monat später, als ich mich gerade von einem besonders schweren Grippeanfall erholte, kam meine Nachbarin morgens mit einem riesigen Strauß Osterglocken vorbei, die sie gerade in ihrem Garten gepflückt hatte. Natürlich war das nach meinem Osterglocken-Debakel keine sonderlich taktvolle Geste, und ihr Geschenk hätte meine übelsten Instinkte wecken können, aber da sie eine gute Seele ist und offensichtlich nichts Böses im Schilde führte, vergab ich ihr. Die Osterglocken waren jedenfalls großartig, kräftig und gesund, noch nicht aufgeblüht, und nur ein Hauch von Gelb schimmerte durch ihre dünnen, papierähnlichen Hochblätter. Sie arrangierte sie liebevoll in meiner Lieblingsvase, stellte sie auf den Tisch und ging. (»Nein danke, keinen Kaffee heute. Ich hab's eilig.«) Ich nahm ein Buch und machte es mir im Sessel gemütlich. Nach einer Weile hörte ich vom anderen Ende des Zimmers ein leises Rascheln. Es kam von den Osterglocken, und ich vermutete, daß irgendein Getier unbeabsichtigt mit den Blumen ins Haus gewandert war und nun seine eigene Inspektion begonnen hatte. Doch von meinem Platz aus konnte ich keine Bewegung sehen, und ich kümmerte mich nicht weiter darum. Sekunden später ertönte das Rascheln wieder – ein merkwürdiges papierenes Geräusch, fast wie ein Flüstern. Nun war ich sicher, daß Insektenflügel die Ursache waren. Ich stand auf, um das Ganze näher zu betrachten, aber ich konnte nicht die geringste Spur eines Gliederfüßers entdecken. Und doch hörte ich wieder ein Flüstern, und irgendwo zwischen den Blumen entstand eine geheimnisvolle Bewegung. Plötzlich wußte ich es: Dank der Wärme der Frühlingssonne, die das Fenster einfing, öffneten sich die Knospen in rascher Folge. Eins nach dem anderen, manchmal zu dritt oder zu viert gleichzeitig, brachen die merkwürdig geformten, kleinen braunen Pakete mit einem leisen Flüstern auf, zeigten zaghaft winzige goldene Sonnenstückchen hinter den Rissen und machten sich bereit für eine leuchtende Liebschaft mit den Strahlen der Morgensonne. Ich setzte mich wieder. Das Flüstern hielt an, bis die letzte Blüte aufgebrochen war. Ein leises und geheimnisvolles Murmeln, als wollten sie mich auffordern stark zu sein, nicht zu verzweifeln und es noch einmal zu probieren. Ja, das werde ich, erklärte ich ihnen. Einzig und allein Osterglocken nächstes Jahr. *Ohne* Häschen...

Seit ich diese Episode zu Papier gebracht habe, gab es ein gewisses Maß an Protest. Häschen, wurde mir immer wieder gesagt, fressen keine Osterglocken. »Sind Sie sich da sicher?« lautet standardmäßig meine Gegenantwort. Ja, man ist sich sicher. Und ich bin mir sicher, daß sie sich sicher sind, selbstverständlich, aber trotzdem ist es sehr verblüffend. Soweit die Fakten: Was ich eingepflanzt habe, sollte ein ganzer Wald von Osterglocken werden, doch alle wurden eindeutig und ohne jeden Zweifel abgefressen. Ich habe natürlich die Kaninchen dafür verantwortlich gemacht, denn sonst hatte ich keinerlei lebendes Wesen in meinem Garten gesehen. Könnte es sein, daß eine unbekannte Kreatur mit ausgeprägter Narzissophagie heimlich herumgeschlichen ist? Könnte es sein, daß der Packer einen Fehler gemacht hat und die falschen Zwiebeln in die Schachteln gepackt hat? Das hätte ich sicher nicht bemerkt, denn ich stand noch am Anfang meiner gärtnerischen Karriere und war noch nicht in der Lage, Tulpen von Teltower Rübchen zu unterscheiden.

Jedenfalls konnte die Angelegenheit bis heute nicht aufgeklärt werden, und ich möchte es ehrlich gesagt auch dabei belassen. Ich mag die Vorstellung, daß mein Garten Geheimnisse birgt.

Von Mäusen und Jungen

ÄUSSERST MERKWÜRDIG: EINE Erdnuß, die auf Zehenspitzen über den Rasen spaziert und unter der Hecke verschwindet. Herumhüpfende Kiefernzapfen, ja. Tanzende Blumen, ganz sicher. Aber wer in aller Welt hat je von umherwandernden Erdnüssen gehört, es sei denn, sie sind mit der mexikanischen Springbohne verwandt?

Wie dem auch sei, gestern abend bewegte sich eine Erdnuß, die vom Abendessen der Eichhörnchen übriggeblieben war, wie von einer übernatürlichen Kraft getrieben durch den Garten. Nein, ganz bestimmt hat mir das Licht keinen Streich gespielt, die strohfarbene Schale war klar zu erkennen, auch wenn es schon stark dämmerte.

Nicht zu sehen war jedoch das winzige, nachtdunkle Wesen am Ende der Erdnuß. Das entdeckte ich eine gute halbe Stunde später. Wieder marschierte eine Erdnuß wundersamerweise in Richtung auf ein unbekanntes Ziel davon. Diesmal war sie viel schwerer zu erkennen, denn es war schon fast Nacht. Sofort knipste ich das Gartenlicht an. Auf der Stelle blieb die Erdnuß stehen, und ein winziger Schatten flitzte davon und verschwand unter der Hecke. Aha! Mäuse!

Ich habe kein Problem mit Mäusen. Ich konnte noch nie verstehen, daß jemand den Drang verspürt, auf einen Stuhl zu springen und ohrenbetäubende Schreie auszustoßen, sobald eines unserer kleinsten Säugetiere in Erscheinung tritt. Im Gegenteil, mir tut das arme Tier ziemlich leid, wenn es einer derartigen Szene ausgesetzt ist. Es muß in der Tat eine furchtbare Erfahrung sein, wenn sich urplötzlich eine turmhohe Masse Fleisch in die Luft erhebt und sich in ein brüllendes Monster verwandelt, wenn man nichts weiter vorhatte, als einen harmlosen Bissen von seinem Lieblingskäse im Schrank zu nehmen oder vielleicht ein winziges Loch in den Reisbeutel zu nagen, um an ein oder zwei Körnchen zum Dessert zu gelangen.

Ehe Sie jetzt zu dem Schluß kommen, ich fände es toll, Beatrix-Potter-Geschichten in meiner Speisekammer zu inszenieren, möchte ich Ihnen versichern, daß mir Mäuse innerhalb der eigenen vier Wände – oder auch im Mauerwerk – durchaus nicht willkommen sind. Ich mag einen Vogel haben, aber Mäuse im Haus kommen nicht in Frage. Solange sie im Garten bleiben, ist jedoch alles bestens. Ich liebe es, mich an einem warmen Sommerabend von einer Mäusefamilie unterhalten zu lassen, die am Rand des Rasens ein Gartenfest veranstaltet. Sie spielen, tollen und freuen sich so offenkundig des Lebens, daß mir nicht im Traum einfallen würde, ihre Fröhlichkeit zu unterbinden. Ich setze alles daran, sie nicht zu stören. Was besonders schwierig ist, denn sobald sie auch nur die leiseste Bewegung ausmachen, huschen sie davon.

Unter meinem Dach ist das jedoch etwas ganz anderes, und ich habe bereits mehrere Kriege mit unterschiedlichem Erfolg geführt. Der Erste Mauskrieg begann, als ich von einer Reise zurückkam und feststellen mußte, daß die Vorhänge in einem der Schlafzimmer so stark angefressen waren, daß man sie nicht mehr flicken konnte. Das konnte ich natürlich nicht einfach so hinnehmen, und meine erste Reaktion bestand darin, die Räuber auszuschimpfen und ihnen zu erklären, sie seien sehr ungezogen gewesen und sollten doch die Freundlichkeit haben, sich schleunigst davonzumachen. Doch dann dämmerte mir, daß das nicht unbedingt eine sonderlich effektive Methode war. Also kaufte ich widerstrebend zwei Mausefallen und stellte sie, mit einigen ausgewählten Goudawürfeln bestückt, ins Gästezimmer.

Die Tatsache, daß ich am nächsten Morgen zwei leblose kleine Opfer unter dem gnadenlosen Stahl gefangen vorfand, befriedigte mich nicht sehr. Doch wenigstens blieb es ab diesem Moment ruhig an der Nagerfront, und die neuen Vorhänge wurden bis heute keiner Verwüstung ausgesetzt.

Der Zweite Mauskrieg begann viel später. Eines Nachts weckten mich die eindeutigen Geräusche von Mäuseaktivitäten hinter der Wand, an der mein Bett steht. Mein Schlag gegen die Wand brachte sie sofort zum Schweigen, aber nicht für lange. Als ich gerade wieder am Einschlafen war, begann das Fest von neuem, und die Vorstellung wiederholte sich. Das ging die ganze Nacht so, und mir wurde klar, daß es an der Zeit war, die Mausefallen wieder in Gebrauch zu nehmen.

Doch diesmal war ich nicht sehr erfolgreich. Ich hatte meine ungebetenen Gäste unterschätzt und stand immer wieder vor leeren Fallen, aus denen der Käse sauber herausgeholt worden war, ohne daß sie überhaupt zugeschnappt waren. Also verlegte ich mich auf Gift – eine Lösung, die ich eindeutig verabscheue –, und das war's dann. Ich hatte einen weiteren Krieg gewonnen.

Aber ich mache mir keine Illusionen. Das (Mäuse-)Leben geht weiter. Die wandernden Erdnüsse sind der lebende Beweis dafür. Der Feind ist erneut im Anmarsch, und ich erwarte nun den Dritten Mauskrieg.

Trotzdem weckt allein das Wort *Maus* eine Reihe von schönen Kindheitserinnerungen. Sie betreffen hauptsächlich weiße Mäuse. Welcher Junge hat nicht irgendwann während seiner Schulzeit einen Käfig mit mindestens einer zahmen Maus an bevorzugter Stelle in seinem Zimmer stehen? Eine Praxis, die eigentlich in allen Familien gepflegt werden sollte, denn wir sind nie zu jung, um zu lernen, was es heißt, für ein anderes Lebewesen zu sorgen, und eine Maus eignet sich für den Anfang besonders gut.

Unser Haushalt war jedoch nicht sehr mäusefreundlich, und ich hielt meine heimlich in einer alten Suppenterrine ganz unten in meinem Schrank. Unglücklicherweise gelang es einer von ihnen zu entkommen, und ich hatte am nächsten Tag die Aufgabe, ein geheimnisvolles Loch in einer meiner Hosen zu erklären. Doch ansonsten waren sie absolut zahm, und es schien ihnen nichts auszumachen, unter meinem Hemd oder sogar in meinen Taschen herumgetragen zu werden. Einmal nahm ich eine von ihnen mit in die Schule und versteckte sie im Ranzen des Mädchens, das vor mir saß. Als sie einige Minuten später herauskroch, war das Ergebnis äußerst befriedigend: Die Hälfte der Klasse – in der Hauptsache die Mädchen, muß ich leider sagen, – stand auf den Tischen und schrie sich die Seele aus dem Leib. Gott sei Dank war die Lehrerin ebenso klug wie respekteinflößend. Nachdem ich sie davon überzeugen konnte, daß die Maus, ganz ohne mein Zutun, nur vorübergehend ihrem Gewahrsam entflohen war, nutzte sie den Unterricht zu der Erklärung, daß Leben, insbesondere in Form solch eines harmlosen kleinen Tiers, nichts ist, wovor man Angst haben muß. Aber das Mädchen, das ich als Opfer auserkoren hatte, war nie ganz davon zu überzeugen. Ich treffe sie heute noch gelegentlich. Sie ist inzwischen Großmutter und trotzdem immer noch der Typ, der am liebsten auf den Stuhl springt und schreit, wenn sie eine Maus sieht. Ich fürchte, das ist zum Teil meine Schuld.

Und meine Mäuse? Sie gediehen und vermehrten sich, wie das Mäuse so an sich haben, und es dauerte nicht lange, bis der Gestank sie verriet. Mir wurde streng befohlen, sie loszuwerden, ansonsten … Also schenkte ich sie einem Freund, der sie eine Weile beherbergte – in seinem Schrank.

Es gab noch ein weiteres bedeutendes Mäuseerlebnis in meinem Leben, und es ereignete sich kurz nach der gerade beschriebenen Episode während der Ferien, die ich bei meiner Großmutter verbrachte.

Die Zeit der tanzenden Nachtkerzen war längst vorbei, und mich interessierte nun, was sonst im Dorf passierte. Ich half bei verschiedenen Bauern, und mein Freund und ich verdienten uns ein nettes Taschengeld, indem wir Fallobst voller Wespen von den Wiesen auflasen oder in den Gärten vor den Gehöften Unkraut jäteten.

Eines Tages fragte uns ein Bauer, ob wir Mäuse fangen könnten. Sein Feld, erklärte er, sei mit Löchern übersät, und er versprach, uns für jeden Nager zehn Cents zu bezahlen.

Und ob wir das wollten, denn Mäusefangen gehörte ohnehin zu unseren Lieblingsbeschäftigungen. Es war wirklich sehr einfach. Man mußte nur ein wenig Wasser in die Löcher schütten, und schon sprang die ganze Familie heraus, wo wir mit unseren jungen und schnellen Händen die weitere Flucht vereitelten. Doch da sich wildlebende Feldmäuse im Gegensatz zu den uns bekannten weißen Haustieren nicht zähmen ließen, ließen wir sie für gewöhnlich wieder laufen.

Bewaffnet mit einem großen leeren Eimer und einem Kanister Wasser begaben wir uns auf das Feld. Wir machten uns an die Arbeit, und es wurde ein Fest, denn noch nie in unserem Leben hatten wir so viele Mäuse gesehen. Bis zur Kaffeezeit war der Eimer halb voll mit einer dichten Masse sich windender und hüpfender pelziger Körperchen. Noch ein paar mehr, und die oberen hätten schon wieder flüchten können. Also gingen wir zurück, um unseren Lohn abzuholen, den wir für beträchtlich hielten. Der Bauer saß mit seiner Familie – seiner Frau und zwei Töchtern – friedlich um den riesigen Tisch in der gemütlichen Küche. Ich trat heran und zeigte ihm stolz den Eimer. Er sah hinein, und sein Gesicht verzog sich angewidert. Dann sagte er: »Ich gebe euch einen Gulden. Aber ertränken müßt ihr sie schon selbst.«

Ich war wütend, nicht nur angesichts eines derart schändlichen Betrugs (wir hatten ausgerechnet, daß sich Mäuse für mindestens fünf Gulden in dem Eimer befanden), sondern auch ob unserer eigenen Unwissenheit, denn die Möglichkeit, daß die armen kleinen Vierfüßer ausgelöscht werden sollten, war uns gar nicht in den Sinn gekommen. Das konnte ich auf keinen Fall zulassen.

»Einen Gulden?« fragte ich. »Einen Gulden? Für einen Gulden können Sie sie selbst ertränken!« Und mit diesen Worten kippte ich den Eimer um und schüttete seinen lebenden Inhalt auf den gefliesten Küchenboden.

Auf der Stelle war die Hölle los. Die drei Frauen wurden kreidebleich und befanden sich in Null Komma nichts auf dem großen Tisch, wo sie zwischen Tassen und Tellern eine wilde Gavotte tanzten. Sie umklammerten ihre Schürzen und schrien Zeter und Mordio. Einen Moment lang sah es so aus, als wolle sich der Bauer zu ihnen gesellen, doch dann überlegte er es sich anders. Ein wilder Ausdruck stieg in seine Augen, während sich sein Gesicht vor Wut dunkelrot färbte. Dann ging er wie ein Stier auf uns los. Unser Glück war der Umstand, daß die Einheimischen, einer guten alten Bauerntradition folgend, ihre Schuhe vor der Küchentür auszogen und das Haus auf Strümpfen betraten. Der Mann hätte uns unweigerlich erwischt, wenn er nicht vergessen hätte, in seine Schuhe zu schlüpfen. Er hatte meinen Freund schon fast am Schlafittchen gepackt, als er auf einen spitzen Stein trat, so daß er auf einem Bein hüpfend zurückblieb und wir uns in Sicherheit bringen konnten.

Das war meine letzte Begegnung mit Mäusen, danach gab ich jeden Kontakt mit diesen Nagern auf. Sie hingegen haben mich nicht verlassen. Sie haben meine Erdnüsse gefunden, und bald werden sie, fürchte ich, auch mich wiedergefunden haben. Doch bis dahin lasse ich sie in

Ruhe. Trotz ihres zerstörerischen Charakters kann ich nicht umhin, sie als liebenswerte kleine Wesen zu betrachten, solange sie draußen bleiben. Und wer weiß, vielleicht haben sie dazugelernt und halten sich vom Haus fern. Ich hoffe das sehr, denn Mäuse zu schlachten gehört nicht zu meinen Lieblingsbeschäftigungen. Denn schließlich: Eine Maus ist eine Maus ist nur eine kleine Maus.

Der Tag des Igels

DER ZWEITE FEBRUAR steht vor der Tür, und die Menschen in Punxsutawney, Pennsylvania, bereiten sich auf den *Groundhog Day,* den Tag des Murmeltiers, vor. Wir haben hier keine Murmeltiere, aber seit fünf Jahren feiere ich selbst ein ähnliches Ereignis: Ich nenne es *Hedgehog Day,* Tag des Igels. Doch im Gegensatz zu den Waldmurmeltieren, die selten am Spaß teilhaben und sich häufig auf der falschen Seite des Gewehrlaufs befinden, spielen meine Igel die Hauptrolle bei den Feierlichkeiten. Aber einen Nachteil gibt es dabei: Es ist unmöglich, mit einiger Sicherheit vorauszusagen, wann genau die Igel aus ihrem langen Winterschlaf erwachen, und deshalb ist mein Fest eher eine improvisierte Angelegenheit. Wenn der Frühling naht, muß ich auf bestimmte Zeichen achten, die dem

Ereignis vorausgehen: die ersten milden Tage, das Erscheinen der ersten Käfer, das Aufblühen der ersten Osterglocken … Und eines Tages weiß ich dann plötzlich: Die Igel sind wieder da!

Bevor Sie an dem fröhlichen Ereignis teilhaben, möchte ich Ihnen gerne noch ein paar Dinge über diese liebenswerten Nachttiere erklären, weil ich befürchte, daß einige doch nur verschwommene Vorstellungen von dieser Spezies haben. Und das ist bedauerlich, denn man kann sich keinen netteren Helfer bei Schnecken- und Käferproblemen im Garten vorstellen. Steht Ihnen ein Igel zu Diensten, müssen Sie nie die schmerzliche Erfahrung machen, daß alle frischgepflanzten jungen Salatpflanzen bereits am nächsten Morgen wieder von Schnecken zerstört sind. An einem regnerischen Vormittag müssen Sie nicht extrem vorsichtig durch den Garten gehen, um ein unangenehmes »Sqllluäschhheischhh!« (Verzeihung, ich weiß nicht, wie man das sonst buchstabieren könnte) unter Ihren Sohlen zu vermeiden, das zu hören ist, wenn man auf die schleimigen Plünderer tritt: Ihr freundlicher Igel hat das Problem lange vor Sonnenaufgang beseitigt. Und glauben Sie mir, sobald Sie sich einmal von Angesicht zu Schnauze mit einem dieser Charmeure befunden haben, wird Ihrem Leben ohne ihn etwas fehlen.

Bitte verstehen Sie mich nicht falsch. Igel sind *keine* Haustiere, auch wenn mein Enthusiasmus vielleicht diesen Eindruck erweckt hat. Sie sind wildlebende Tiere und haben, obwohl sie in vielen Ländern geschützt sind, auch ein bißchen Angst vor den Menschen. So verlockend es sein mag, sie als Haustiere zu halten, man sollte sie in Ruhe lassen, denn in Gefangenschaft können sie nicht richtig glücklich sein und werden krank. Ich muß mich entschuldigen, daß ich hier so sehr ins Detail gehe, aber ich habe eine schreckliche Entdeckung gemacht: Neuerdings sind Igel in den Vereinigten Staaten, wo sie wild nicht vorkommen, in Zoogeschäften aufgetaucht. Für zweihundertfünfzig bis dreihundertfünfzig Dollar kann man dort Besitzer und höchstwahrscheinlich Henker eines dieser tapsigen kleinen Clowns werden. Hierzulande wäre das illegal, und ich kann nur hoffen, daß seine bemitleidenswerten Brüder in Amerika das Glück haben, entkommen zu können und einen Gefährten zu finden, der ebensoviel Glück hatte, so daß die beiden zusammen vielleicht in der Neuen Welt (vorausgesetzt, das spielt sich auf dem Land ab) eine Igelpopulation gründen können.

Ich habe eine lange Beziehung zu Igeln, doch besonders gut erinnere ich mich an mein erstes Erlebnis mit ihnen. Damals war ich sechs. Es war früh am Morgen, und ich lag noch im Bett. Der Milchmann war gerade dagewesen und hatte unsere Tagesration von vier Flaschen vor die Haustür, direkt neben meinem Zimmer, gestellt. Plötzlich hörte ich das Klirren einer umfallenden Flasche und sprang aus dem Bett, bereit, einen berüchtigten Milchdieb, die boshafte Nachbarskatze, zu verscheuchen. Doch als ich aus dem

Fenster schaute, entdeckte ich die merkwürdigsten Wesen, die mir je unter die Augen gekommen waren: Vier lebende Nadelkissen, ein großes und drei kleine, mit spitzen, gnomähnlichen Schnauzen. Sie drängten sich um die zerbrochene Flasche und leckten fröhlich eine Milchpfütze auf.

Eigentlich hätten mir sofort die Aktionen der Frau Tiggy-Winkle einfallen müssen, doch da die Werke von Beatrix Potter damals noch keinen Eingang in meinen Bücherschrank gefunden hatten, wußte ich nichts über Igel. Ich hatte noch nie einen gesehen. Also gab es für mich nur eine mögliche Schlußfolgerung: Die stacheligen Eindringlinge waren Trolle! Ich schrie, so laut ich konnte, und weckte prompt das ganze Haus auf. Meine Mutter kam erschrocken in mein Zimmer, und ich versuchte ihr zu erklären, was ich gerade gesehen hatte. Ich fürchte, meine Aufregung hat meine Phantasie mit mir durchgehen lassen, und sie muß angenommen haben, daß ich schlecht geträumt hätte. Um mich zu beruhigen, sah sie zwar aus dem Fenster, doch die Trolle hatten sich natürlich bereits davongestohlen.

Am nächsten Morgen waren sie wieder da, doch diesmal war ich schlau genug, mich leise zu verhalten. Ich schlich mich aus dem Bett, weckte meine Mutter und bat sie mitzukommen, um sich die Trolle anzusehen. Ziemlich verschlafen folgte sie mir, und richtig, die ganze Trollfamilie war noch da, versammelt um die verschüttete Milch. Meine Mutter brach in ein mädchenhaftes Gekicher aus. Sie setzte sich auf mein Bett und erzählte mir mit gedämpfter Stimme dicht an meinem Ohr, als ginge es um ein faszinierendes Geheimnis, alles, was es über Igel zu wissen gab, und wie klug es von ihnen sei, eine Milchflasche absichtlich umzustoßen, um an die Milch zu gelangen. Doch von da an mußte der Milchmann die Flaschen auf die Fensterbank stellen, denn meine Mutter hatte die Milch für andere Zwecke eingeplant, und außerdem wußte sie, daß Milch für kleine Igelmägen nicht gesund ist.

Als ich aufs Land gezogen war, entdeckte ich schnell, daß in der Nähe eine nette kleine Igelkolonie lebte. Da ich keinen Hund hatte (der zu den wenigen natürlichen Feinden des Igels zählt), entwickelten sie bald eine ausgesprochene Vorliebe für meinen Garten und sind seither dort geblieben. An warmen Sommerabenden sitze ich auf meiner Terrasse, und sie versäumen nie ihren Auftritt, bisweilen kommen vier oder fünf gleichzeitig. Sie rennen ums Haus, sie spielen und kämpfen. Sie fauchen wie Dampfmaschinen, und sie lieben sich – sehr vorsichtig natürlich. Sie wuseln geräuschvoll durch die Rabatten und machen im allgemeinen keinen Hehl aus ihrer Anwesenheit, während sie sich an meiner auch nicht im geringsten stören. Im Gegenteil, im Lauf des Sommers ignorieren sie mich dann völlig, und einmal erwies mir ein Liebespaar sogar die Ehre, direkt über meine Füße zu tanzen! Allerdings belohne ich sie schon und locke sie mit (ungesalzenen!) Erdnüssen näher, die sie besonders lieben. Selbstverständlich nicht zu vielen, damit sie nicht faul werden und ihre Pflichten als Schneckenvertilger und Käferfänger nicht vernachlässigen.

Erdnüsse benötige ich auch, um am Anfang des Frühlings herauszufinden, ob sie zurückgekommen sind: Sobald die letzten Frosttage vorüber sind, lege ich einige ungeschälte Erdnüsse an einer geschützten Stelle in den Garten. Wenn sie am nächsten Morgen restlos verschwunden sind, weiß ich, daß kein Igel sie geholt hat. Doch wenn ich einen Haufen durcheinandergeworfener leerer Schalen vorfinde, kann ich sofort die Parole ausgeben: Die Igel sind aufgewacht! Sobald das Wetter es zuläßt, rufe ich den Tag des Igels aus und lade für denselben Abend Freunde und Nachbarn ein, die allesamt Igelanhänger sind. Wir sitzen dann in Decken gewickelt im Garten, denn zu Frühlingsbeginn sind die Nächte selten mild. Für den Igel liegt eine Extraportion Erdnüsse etwa drei Meter von uns entfernt. Bei unserer geflüsterten Unterhaltung beschränken wir uns auf ein Minimum, denn unser Ehrengast wird noch ein bißchen schüchtern sein, und wir wollen ihn nicht verschrecken. Derweil sorge ich dafür, daß ein ausreichender Vorrat an Glühwein bereitsteht, der uns aufwärmt und zur festlichen Stimmung dieses bedeutenden Tages beiträgt.

Die Ereignisse folgen immer einem bestimmten Ablauf: Erst nachdem es dunkel geworden ist, hören wir ein geheimnisvolles Schlurfen und Rascheln unter den Büschen, kurz danach kommt der Igel aus dem Schatten und wagt sich in den Lichtkegel der Gartenlampe. Er ignoriert uns, läuft im Zickzack zu den Erdnüssen und geht, unter Vernachlässigung all seiner Tischmanieren, ohne Zögern zum Angriff über. Wenn die letzte Erdnuß schmatzend verspeist ist, macht er eine Kehrtwendung und marschiert zum Teich, wo er geräuschvoll Wasser schlürft – sehr zum Unbehagen der Frösche, vor allem der kleineren, die genau wissen, daß sie, wenn sie nicht aufpassen, Teil seines Festessens werden können.

Wenn die Vorstellung unseres stacheligen Komödianten schließlich beendet ist (er hat uns noch nie enttäuscht und seinen Auftritt abgesagt) und er wieder im Dunkeln verschwunden ist, ziehen wir uns müde und bettschwer vom Wein zurück. Der Tag des Igels ist vorbei. Doch der Frühling mit seinem wunderbaren Versprechen neuen Lebens ist endgültig gekommen.

Rhapsodie in Gelb

Glaubt man dem Kalender, so ist es leicht, die Jahreszeiten voneinander zu unterscheiden. Er teilt das Jahr schematisch in vier gleich große Abschnitte; am 21. März schleicht sich der Winter einfach weg, und der Frühling trippelt wie eine Primaballerina in unsere Gärten. Doch die Natur ist erhaben über kalendarische Vorgaben und kümmert sich meist nicht darum, eine klare Grenzlinie zwischen beiden zu ziehen. Ein ungewöhnlich milder Tag Ende Januar verführt die Vögel dazu, ein zaghaftes und vorschnelles Osterkonzert anzustimmen, während ich mich an Jahre erinnere, in denen sich die Osterglocken auch im April noch einer unpassenden Schneehaube erfreuten.

Doch letztes Jahr erschien der Frühling buchstäblich und wundersamerweise über Nacht, natürlich *nicht* am

21. März. Und es geschah ausschließlich in unserem Dorf und der näheren Umgebung. Eines Morgens im April wachten wir auf und entdeckten, daß der Frühling sein goldenes Band über uns ausgebreitet hatte ...

An dieser Stelle sollte ich den Frühling für einen Moment verlassen und die Zeit zurückdrehen – zurück bis zu dem berüchtigten Oktobersturm im Jahr davor. Fast vierundzwanzig Stunden lang wütete er, knickte die Bäume wie Streichhölzer, heulte um unsere Schornsteine und wehte Ziegel von den Dächern. Eine besonders heftige Bö riß einen Lastwagen von der schmalen Straße vor dem Dorf. Der Fahrer verlor die Kontrolle, und der Lastwagen fuhr in einen flachen Graben. Er kippte um, die Plane zerriß, und die Ladung fiel heraus: winzige schwarze Körner. Sie wurden vom Wind in grotesken Schwüngen und Wirbeln weiter und weiter über die winterlichen Felder und das ganze Dorf davongetragen. Sie tanzten in Wolken über den Gärten und schlugen Salti über den Dächern. Sie schraubten sich über die Straßen und drehten sich in Minitornados um die Kirche. Was bis dahin noch nicht zu Boden gefallen war, verlor sich in prächtigen Streifen über den Feldern hinter dem Dorf und machte sich auf zu unbekannten Zielen.

Währenddessen alarmierte der Fahrer, der mit dem Schrecken davongekommen war, einige der Bauern. Sie kamen mit einer kleinen Armada aus Traktoren, Gelände- und Lieferwagen zur Unfallstelle. Mit ihren dunklen, im

Wind flatternden Mänteln sahen sie aus wie eine Kolonie seltsamer, riesiger Vögel, als sie sich unablässig mit Ketten und Seilen abmühten. Schließlich gelang es ihnen, den Lastwagen aufzurichten und aus dem Graben zu ziehen. Abgesehen von der zerrissenen Plane und einigen kleinen Beulen war er kaum beschädigt. Doch seine Ladung war verschwunden. Nicht ein einziges Körnchen war zurückgeblieben. Der Wind hatte sie großzügig über das Dorf und die umliegenden Felder und Wälder verteilt.

Es war überhaupt kein dramatisches Ereignis gewesen. Es hatte keine Toten gegeben, und nachdem der Lastwagen weitergefahren war, erinnerte nichts mehr daran, daß überhaupt etwas passiert war. Der Zwischenfall tauchte nicht einmal in unserer Lokalzeitung auf, und bald war er komplett vergessen.

Der Winter war nicht nur kalt und naß, sondern auch einer der längsten, die ich je erlebt habe. Die durchweichten Felder lagen nackt und kahl unter einem bleiernen Himmel, und meine Lieblingsroute durch die feuchten Wälder war in einem entsetzlichen Zustand. Die meisten Wege hatten sich in Schlammbäche verwandelt, die sich an den Stiefeln festsaugten und ein Vorwärtskommen nahezu unmöglich machten. Also beschränkten sich meine Aktivitäten im Freien auf kurze Gänge ins Dorf und vereinzelte Inspektionsrunden durch den Garten. Im Gegensatz zu sonst blieb ich die meiste Zeit im Haus, während die Welt in Tränen aufgelöst an den Fensterscheiben hing und der

Regen auf das Dach plätscherte, als würden dort tausend Krähen mit den Füßen scharren.

Kein Wunder, daß ich Ende Februar in heftigste Schwermut verfallen war. Unserer Flora erging es nicht anders. Das Fehlen frischen Grüns war wirklich furchterregend, und unerwartete Frostperioden den gesamten März hindurch verhinderten und verzögerten jegliches Keimen. Doch die Natur läßt sich nicht aufhalten, und schließlich breitete sich ein dünner Schleier erfrorenen Grüns über Bäume und Sträucher. Die ersten Kräuter stießen vorsichtig durch den aufgeweichten Boden, und einige verspätete Schneeglöckchen flirteten zaghaft mit ein paar schlaffen Krokussen. Alles war ziemlich jämmerlich. Die sonst in dieser Jahreszeit übliche Aufbruchsstimmung fehlte, und zum erstenmal mußte ich mich zwingen, Interesse an den Vorgängen außerhalb des Hauses wenigstens zu heucheln. Selbst einige seltsame, in meinem Garten noch nie vorgekommene Pflanzen weckten meine Neugier nicht; und auch nicht die Tatsache, daß dieselben Pflanzen auf dem Dach meines kleinen Geräteschuppens auftauchten, hier und da zwischen den Pflastersteinen unserer Gassen, aus den Ritzen des Bürgersteigs unserer Hauptstraße und auch in zahlreichen anderen unerwarteten Winkeln und Ecken emporschossen. Es war einfach zu naß, um sich mit solchen Trivialitäten abzugeben. Ich erledigte die notwendigen Besorgungen und beeilte mich, so schnell wie möglich wieder zurück unter mein schützendes Dach zu kommen.

Doch die ganze Zeit stand der wahre Frühling vor der Tür und wartete heimlich auf seinen großen Triumph. Eines Nachmittags änderte sich das Wetter plötzlich. Der Himmel klarte auf, und in den Pfützen auf meinem Rasen spiegelten sich unversehens Blau und Gold. Myriaden von Diamanten funkelten in einer fast blind machenden Lichtsymphonie, und eine milde südliche Brise hauchte der geschundenen Vegetation frisches Leben ein. Endlich hatte der Frühling Einzug gehalten. Die Wirkung war erstaunlich. Alles schien gleichzeitig zu passieren. Knospen schwollen und brachen innerhalb von zwei Tagen auf. Das Unkraut wuchs schneller, als man es ausreißen konnte, und vor allem die merkwürdigen Eindringlinge gediehen außerordentlich üppig. Man konnte sie nahezu wachsen hören. Mittlerweile hatte ich sie als Rübsen (eine Senfart, die wegen ihres Öls angebaut wird) identifiziert, aber woher sie kamen, blieb mir ein unergründliches Geheimnis. Keine noch so große Menge übriggebliebenen Vogelfutters konnte die enorme Ausbreitung erklären. Sie sahen auch nicht unangenehm aus. Im Gegenteil, ihre blaugrünen Blätter und Stiele wirkten kraftvoll und besaßen zweifellos einen gewissen Charme. Sobald sich die Büschel kleiner, leuchtendgelber Blüten geöffnet haben, könnten sie sogar hübsch aussehen, dachte ich und beschloß, die meisten von ihnen stehenzulassen, vorerst zumindest.

Meine Nachbarin von gegenüber war es, die Licht in das Dunkel ihrer Herkunft brachte. Allerdings habe ich sie zuerst mißverstanden.

»Is' Dunfal«, stellte sie eines Morgens fest. Sie lehnte sich über mein Gartentor und ließ ihre Augen in der Hoffnung, etwas Bemängelnswertes zu entdecken, beiläufig durch meinen Garten schweifen. Wie die meisten Gärtner kann sie es nicht ertragen, wenn in anderen Gärten etwas besser gedeiht als in ihrem – selbstverständlich mit Ausnahme von Unkraut, wozu auch diese Rübseninvasion zu zählen war. Außerdem hat sie eine merkwürdige Angewohnheit, Pflanzennamen zu verballhornen. So pflegte sie Tagetes als »Tragetis« oder Chrysanthemen als »Christenthemen« zu bezeichnen. Normalerweise war ich in der Lage, ihre verstümmelte Nomenklatur zu rekonstruieren, doch »Dunfal« verblüffte mich. Einen Moment lang sah ich eine neue Haushaltsgerätemarke vor mir, doch sie meinte offenbar den Senf.

»Oh«, murmelte ich, »ich dachte, es wäre Rübsen.«

»Sag ich doch. Der ganze Rübsen. Dunfal ist schuld, der ganze Samen ist überallhin geweht.«

Es dämmerte mir. Natürlich! Sie meinte den Unfall, bei dem der Lastwagen von der Straße abgekommen war und seine Ladung winziger Körnchen verloren hatte. Es war mir nie in den Sinn gekommen, daß das Rübsensamen gewesen war. Er hatte den ganzen Winter über hier gelegen, war in den dunklen, feuchten Boden eingedrungen, und alle hatten ihn vergessen. Als er schließlich zu Beginn des Frühlings zu keimen begann, hatte sich niemand darum gekümmert, weil es viel zu naß für Gartenarbeit war, so daß er ungehindert wachsen konnte. Man wollte damit warten, bis die Welt wieder ein bißchen trockener war. Heute war es soweit, doch da es ein normaler Werktag war, hatten wenige Leute Zeit für den Garten, und der Reinigungsplan für die öffentlichen Flächen – die Straßen, den Dorfplatz, die Kirche und so weiter – sah so etwas wie Unkrautjäten auf dem Bürgersteig nicht vor. Und daher konnte der Rübsen weiter überall ungestört gedeihen.

Das Frühlingswunder ereignete sich gleich am nächsten Tag. Als ich wach wurde, hatte ich schon das Gefühl, daß ein wunderbarer Morgen auf mich wartete, doch auf das Spektakel, das sich mir bieten sollte, war ich wirklich nicht vorbereitet. Sobald ich die Vorhänge öffnete, erblickte ich durch jedes Fenster Gelb. Nicht das Gelb der hellen Morgensonne – es sei denn, die Sonnenstrahlen hatten sich in feste Materie verwandelt (was rückblickend sicher der Fall war). Wundersame Wolken materialisierten Sonnenlichts lagen über meinem gesamten Garten. Überall, wo ich hinsah, entdeckte ich wogendes Goldgelb. Vom Weg vor meinem Tor und auch zwischen den Bäumen hindurch grüßte mich das machtvolle Pulsieren dieses goldenen Schleiers. Offensichtlich war der gesamte Rübsen nach dem Sonnenschein in den letzten paar Tagen gleichzeitig aufgeblüht, als wäre er einem geheimen Plan gefolgt, sogar die Sonne auszustechen.

Ich vergaß mein Frühstück. Ich vergaß meine Arbeit.

Jetzt gab es wichtigere Dinge, um die ich mich auf der Stelle kümmern mußte: Draußen wartete ein weiteres Wunder darauf, in Augenschein genommen zu werden.

Sobald ich angezogen war, eilte ich in den Garten. Dort herrschte Gelb im Überfluß. Es leuchtete überall ums Haus. Es krönte den Schuppen. Und, tatsächlich, ein einzelner Helmbusch schimmerte wie die Haube eines Kakadus sogar oben vom Schornstein. Ich trat hinaus auf den Weg. Auch hier tanzte der Frühling eine fröhliche Gavotte in Gelb. Ich ging Richtung Dorf und bewunderte die gelben Streifen, die wie breite goldene Bänder über den Feldern flatterten, an denen ich vorbeikam. Auf dem Dorfanger traf ich auf eine ungewöhnliche Versammlung. Die Leute sahen sich schweigend und ungläubig um. Auch hier war das gelbe Wunder mit großzügigem Pinselstrich verteilt worden. Es drang aus den unwahrscheinlichsten Ecken – aus den Dachrinnen der Reihenhäuser, aus dem Schoß der Marienstatue beim Altersheim und sogar vom Dach der altehrwürdigen Kirche, wo es wie ein seltsamer Heiligenschein hing, der irgendwie seinen Heiligen verloren hatte.

Es war ein wahrhaftiges Wunder. Über Nacht hatte unsere Welt einen goldenen Rahmen bekommen. Das Dorf war in ein riesiges Gemälde verwandelt worden, und von Seiner Palette hatte der Meister Gelb gewählt, um Sein jüngstes Kunstwerk zu signieren.

Ländliche Besucher

Wenn wir Besuch bekommen, handelt es sich meistens um einen Verwandten, einen Freund, die Mutter, einen Nachbarn oder den Gemeindepfarrer. Sie kommen gelegentlich unangemeldet und nicht immer im passenden Moment. Trotzdem geleiten wir sie zu unserem Lieblingssessel, bieten höflich etwas zu trinken an und hoffen, daß das dankend abgelehnt wird. Was gewöhnlich nicht geschieht. Kurz, Besucher mögen nicht immer willkommen sein, doch sobald sie unsere Schwelle überschritten haben, werden sie zu Gästen, und wir beachten bestimmte Regeln, die so alt sind wie die Menschheit. Natürlich gibt es Ausnahmen, doch es würde zu weit führen darzulegen, wen oder was genau diese Ausnahmen betreffen. Die Gesetze der Gastfreundschaft sind ungeschrieben, und wir können sie leicht zu unseren Gunsten auslegen. Beispielsweise ist, oder besser war eines *meiner* Gesetze, unangemeldete oder überraschende Besuche nicht zuzulassen. Wenn man in der Stadt lebt und das dort übliche hektische Leben führt, ist der Terminkalender gespickt voll mit genauestens terminierten Verpflichtungen, so daß ein überraschendes Klingeln an der Tür leicht zum völligen Zusammenbruch aller Pläne führen kann. Ich bin sicher, daß meine Haltung kein Einzelfall war, denn ich glaube, daß die Mehrheit der Stadtbewohner auf Klingeln nicht reagiert, solange nicht absolut sicher ist, wer vor der Tür steht.

Doch nachdem ich die Stadt verlassen und meinen gegenwärtigen Wohnsitz auf dem Land bezogen hatte, stellte ich bald fest, daß ich meine Haltung gegenüber Besuchern ändern mußte. Und nicht nur das: Ich mußte meine gesamte Vorstellung bezüglich der Bedeutung von Gastfreundschaft über den Haufen werfen. Alles war anders. Eine Haustür beispielsweise ist etwas offenbar völlig Überflüssiges. Keiner benutzte sie je – außer mir selbst, und auch das nur in den ersten zwei Wochen. Seither blieb sie immer abgeschlossen, ich habe den Schlüssel verloren, und der gesamte Verkehr wurde allein über die Hintertür abgewickelt. Vorher verabredete Besuche gab es praktisch nicht; die Mehrzahl meiner Besucher kam nicht nur völlig unerwartet – ein kurzes Klopfen an der Küchentür war ihre einzige Vorwarnung –, sondern schien auch bestimmte Teile des Hauses als »öffentlichen Bereich« zu betrachten. So wurde ich des öfteren durch das plötzliche Auftauchen freundlicher Nachbarn im Flur oder in der Küche erschreckt, die mir einen Korb Tomaten, grüne Bohnen oder Erdbeeren aus ihrem Garten, eine Dose selbstgebackener Plätzchen oder einen Teller mit einem großen, noch ofenwarmen Früchtekuchen als Geschenk vorbeibringen wollten.

Anfangs hatte ich meine Schwierigkeiten, mit diesen hereinschneienden Dorfbewohnern und ihren Geschenken umzugehen. Ich fühlte mich in gewisser Weise wie ein buddhistischer Priester in Bangkok, der Opfer von pflichtbewußten Gläubigen entgegennimmt. Doch es dauerte nicht lange, bis ich mich den ländlichen Gepflogenheiten angepaßt hatte und diese nachbarlichen Einmischungen als das verstand, was sie waren: als spontaner Ausdruck des Respekts für seine Mitmenschen, gepaart mit einer gesunden Portion Neugier (die häufig kaum verhohlen wurde) und dem Bedürfnis nach harmlosem Klatsch. Ich lernte auch eine zusätzliche Regel: Es wird immer erwartet, daß man den Korb, die Dose oder den Teller zurückbringt, am besten gefüllt mit ein paar eigenen Produkten.

Von all den Besuchern, die ich unter meinem Dach empfangen habe, erinnere ich mich an einen besonders gut, und zwar aus mehreren Gründen. Erstens betrat er mein Haus auf recht unorthodoxe Weise: durch ein offenes Fenster. Zweitens war er mein allererster Besucher; er kam bereits wenige Stunden, nachdem ich eingezogen war. Und drittens war es kein menschliches Wesen. Es begann so:

Nach einer Weile hektischen Auspackens erholte ich mich bei einer Tasse starken Assamtees an dem großen Tisch im Eßzimmer, als ich hörte, daß sich im Wohnzimmer etwas bewegte. Ich spähte um die Ecke, und, ja, da thronte jemand in meinem Lieblingssessel. Eigentlich nicht *darin,* sondern oben auf der Rückenlehne. Es war ein braunrotes, pelziges kleines Wesen mit witzigen fedrigen Ohren und einem langen, buschigen Schwanz, der elegant nach oben gebogen war. Sobald es mich bemerkte, erstarrte es. Genau wie ich. Über eine Minute lang blickten wir uns gegenseitig an, und ich wagte kaum zu atmen, um es nicht zu erschrecken. Das war zu schön, um wahr zu sein: Mein erster Tag auf dem Land, und schon beehrte mich ein Eichhörnchen mit seinem Besuch. Ich bezweifelte aber, ob meine Anwesenheit in gleicher Weise goutiert wurde: Es beobachtete mich, und ich las eine Mischung aus Neugier und Mißtrauen in seinen kleinen Knopfaugen. Dann drehte es sich um, sprang graziös auf die Fensterbank und verschwand durch das offene Fenster im Garten. Und ward nicht mehr gesehen, dachte ich; das war nur ein Erkundungsbesuch gewesen, und meine Anwesenheit mußte es gestört haben.

Damit lag ich komplett falsch, denn am nächsten Tag war es wieder da. Diesmal war ich nicht überrascht, denn ich hatte es schon im Garten gesehen; es tollte in der hohen Konifere auf der anderen Seite des Hauses herum. Plötzlich sprang es auf die Fensterbank und von dort auf den Teppich. Seine Absicht war leicht zu durchschauen: Es ging ihm um eine Schale mit Erdnüssen, die ich für die Meisen vorbereitet hatte. Wie zahllose andere Dinge stand sie auf dem Fußboden, denn fast alle Tische und Stühle waren noch mit gerade ausgepackten Kartons und Kisten belegt. Verstohlen kam es näher und näher. Es schnappte sich eine Erdnuß mit dem Maul, rückte sie rasch mit den Vorderpfoten zurecht und eilte zurück in den Garten, wo es seinen Schatz unter der Hecke vergrub. Innerhalb von Sekunden war es wieder da. Jetzt lief es schnurstracks zu der Schale – es schien sich mittlerweile auszukennen –, und kurz darauf war eine weitere Erdnuß im Garten vergraben, diesmal unter der Hortensie. Es kam immer wieder zurück, und es dauerte keine halbe Stunde, bis die Schale leer war.

Von dem Tag an gehörte es zu meinen regelmäßigen Besuchern. Jeden Morgen tauchte es auf und verlangte sein Frühstück – gewöhnlich Erdnüsse, doch gelegentlich war ich großzügig und bewirtete es mit Haselnüssen, die bei Eichhörnchen ganz oben auf der Liste der Lieblingsspeisen stehen. Manchmal war das Fenster geschlossen, denn in unseren nördlichen Breiten kann man Fenster einfach nicht ständig offen haben, doch ein Nein akzeptierte es nicht. Dann sprang es wütend gegen die Scheiben und beschmierte sie von oben bis unten mit matschigen Pfotenabdrücken. Gewöhnlich war ich zu weichherzig, um ihm den Zugang zu verwehren, und das Ganze endete unweigerlich mit einem eiskalten Wohnzimmer, was zusätzliche Pullover, manchmal sogar einen Mantel, Tassen heißer Schokolade und eine immer höhere Heizungsrechnung zur Folge hatte, denn das Fenster hatte bis zu seinem Abgang offenzubleiben. Damit wurde ich zu der naheliegenden Lösung praktisch gezwungen: der Anbringung einer speziellen Eichhörnchentür, ganz ähnlich einer Katzentür, im Fenster. O ja, sie sieht schrecklich aus, und es ist nicht zu erwarten, daß sie in Hochglanzzeitschriften für Innenarchitektur auftauchen wird, aber man muß eben zum Wohle seiner Besucher bestimmte Zugeständnisse machen, zumal wenn es sich um so hochrangige wie Eichhörnchen handelt.

Eichhörnchen sind nicht meine einzigen Gäste. Häufig betrachten Vögel ein offenes Fenster oder eine offene Tür als Zeichen der Gastfreiheit und der Aufforderung »Bedienen Sie sich mit allem, was da ist«. Zu meinen regelmäßigen Besuchern zählen jetzt eine ausgewachsene männliche Amsel, ein ausgesprochen neugieriges Rotkehlchen, ein entflogener Sittich (mir ist es nie gelungen, seinen Besitzer ausfindig zu machen) und mehrere Meisenarten, von denen die Kohlmeisen am dreistesten sind. Sie kommen nicht nur wegen Leckerbissen, sondern vergreifen sich auch an meinem Mobiliar – oder zumindest Teilen davon. Im ersten Jahr gefiel ihnen die weiche Polsterung von einem meiner Stühle. Innerhalb von einer Woche hatten sie ein Loch in den Bezug gepickt, holten eifrig Flusen und Fasern heraus und flogen damit heimwärts, um ihre Nester auszupolstern. Letztes Jahr entwickelten sie eine Vorliebe für meine rotkarierte Wolldecke. Sie lieferte praktisch das einzige Baumaterial für eines ihrer Nester, wie ich im Herbst merkte, als ich ihren Nistkasten säuberte und feststellte, daß er vollgestopft war mit roten Wollflusen.

Zu jenem Zeitpunkt war die Liste meiner nichtmenschlichen Besucher bereits recht beachtlich, und um diese wichtigen Ereignisse festzuhalten, habe ich begonnen, sie in meinem Kalender einzutragen. Würde jemand beispielsweise den 17. Mai aufschlagen, könnte er lesen: »9.00 Uhr: Eichhörnchen (stiehlt Apfelkuchen); 12.30 Uhr: Mittagessen bei Hrn. u. Fr. Meijer; 16.30 Uhr: Haubenmeise zum Tee!« Ich weiß nicht, was die Meijers von mir hielten, würden sie das lesen. Es könnte ihnen mißfallen, zwischen Eichhörnchen und Haubenmeisen eingeschoben worden zu sein. Sie könnten zu dem Schluß kommen, daß ich ein wenig gestört bin, und mich nie wieder zum Mittagessen einladen. Daraus kann man ihnen keinen Vorwurf machen, denn sie leben in der Großstadt, im siebten Stock, und kennen es nicht anders. Sie tun mir leid, denn ihre einzigen Ausflüge in die Natur sind auf gelegentliche Spaziergänge in einem städtischen Park beschränkt, wo ihre Kinder vielleicht ein paar bereits überfressene Tauben oder jämmerliche Enten füttern können, die träge auf einem künstlichen Teich schwimmen.

Ich bin eindeutig privilegiert. Die Natur hat immer ein Stelldichein bei mir. Ihre Kinder beehren mich mit Besuchen in meinem eigenen Zuhause. Und in diesem von Streß und ständig zunehmender Gewalt geprägten Zeitalter bewirken diese Besuche viel Heilung und Frieden.

Das verlorene Paradies

DIE ZAUNKÖNIGE GIBT es nicht mehr. Ihr gemütliches, gut verstecktes Nest im dichten Geißblatt am Nachbarhaus ist verschwunden. Verschwunden sind auch ihre neun Eier, kleine weiße Perlen mit leuchtend roten Punkten. Verschwunden ist das Amselnest mit seinen drei Jungen auf der anderen Seite des Hauses. Ja, der gesamte Garten ist verschwunden. Alles fiel der menschlichen Gier und unkontrollierbaren Lust auf Ordnung zum Opfer. Denn die alte Dame ist gestorben.

Sie war krank und wohnte schon seit so vielen Jahren nicht mehr im Haus, daß kaum noch jemand weiß, wie sie aussah. Ich sowieso nicht, denn ich habe sie nie getroffen. In den fünf Jahren, die seit meinem Einzug vergangen sind, habe ich weder sie noch sonst jemanden im oder beim

Haus gesehen. Keinen Milchmann und keinen Briefträger, keinen Klempner und keinen Schornsteinfeger. Und nie einen Gärtner. Das Haus war vollkommen verlassen, lag versteckt und abgeschieden in seiner eigenen Wildnis, einem Dschungel, der Jahr für Jahr ein bißchen undurchdringlicher wurde.

»Wie halten Sie das aus, neben einer solchen Müllhalde leben zu müssen?« wurde ich häufig gefragt. »Mit all diesem Unkraut!«

»Es geht schon irgendwie«, antwortete ich für gewöhnlich, zuckte die Achseln und verzog das Gesicht in geheuchelter Resignation. Zu argumentieren war sinnlos, und ich behielt die Geheimnisse jener »Müllhalde« lieber für mich. Ob Sie es glauben oder nicht, sie teilte tatsächlich ihre Geheimnisse mit mir und verbreitete freizügig ihre willkommenen Blumengeschenke durch oder über die Hecke in meinen Garten. Sie beschenkte mich mit einer Gruppe Maiglöckchen; ihre Rhizome schoben sich unter der Hecke durch und erwachten in meiner Rabatte zu neuem Leben. Ein riesiger Rhododendron konnte seine Neugier nicht bezähmen und streckte mutig seine Zweige durch die Hecke, um herauszufinden, was in meinem Garten vor sich geht. Im Lauf von vier Jahren haben sich diese Zweige anscheinend zu einem eigenen Rhododendronbusch entwickelt, der dieses Jahr mit atemberaubender Üppigkeit hellila blühte. Rosafarbene und purpurviolette Gartenbalsaminen haben ihre Samen in hohem Bogen über die Hecke auf meinen Boden geschleudert, und jedes Jahr im Juli und August verwandelt sich eine Ecke meines Beets in ein kleines Paradies für ganze Hummelschwärme. Sie summen den ganzen Tag herum und winden ihre kleinen pelzigen Körper eifrig ganz tief hinein in diese wunderschönen Blüten, die wie kleine Orchideen geformt sind. Unkraut, in der Tat!

Ich erinnere mich noch, wie ich mich das erste Mal durch das kaputte Holztor wagte und, auf der Suche nach Geheimnissen und Überraschungen, in den Minidschungel vordrang. Das kleine Haus war kaum zu sehen. Dichte Massen von *Polygonum,* Knöterich, bedeckten eine ganze Wand des einstöckigen Gebäudes. Die andere Seite, an der sich die Haustür befand, versteckte sich hinter einem riesigen, üppigen Geißblatt, das seine himmlischen Düfte bis weit in die Nachbarschaft verströmte; an warmen Sommerabenden zogen sie häufig zusammen mit Nachtfaltern und Mücken durch meine offenen Fenster herein. Der Rest des Hauses, einschließlich der meisten Fenster, verschwand hinter Efeu und wildem Wein.

Doch es war nicht das Haus, dem meine Neugier galt. Was mich sofort fesselte, waren das bemerkenswerte Gewirr unzähliger Sträucher, der weiche Teppich aus Blättern und dicken Moospolstern, die zahlreichen Unkräuter und Wildblumen (ich würde gern wissen, wo da ein Unterschied bestehen soll!) dort, wo sich wahrscheinlich einmal der Rasen befand. In einer Ecke machte ich eine wunderbare Entdeckung: eine Rose und ein Jasmin, die sich als florales Liebespaar umarmten. Sie waren eins geworden. Ich nehme an, es war der Jasmin, der in den Bereich der Rose eingedrungen war, denn die Rose war eindeutig älter. Es war sicher die größte Rose, die ich je gesehen habe, ihre dornigen Äste waren fast so dick wie mein Arm. Aber sie hatte den Eindringling toleriert, und jetzt vermischten sich ihre zartrosa Blüten mit einer Kaskade schneeweißen Jasmins.

Unnötig zu sagen, daß dieses ungestörte Fleckchen in meiner Nachbarschaft seine eigene Fauna angelockt hatte. Es war ein bevorzugter Nistplatz der Amseln. Ich zählte mindestens ein Dutzend alte Nester und ein neues, auf dem gerade eine Amsel brütete. Eine Drossel hatte die schmiedeeiserne Lampe neben der Hintertür zu ihrem Heim erkoren, und ein Rotkehlchen flog immer wieder durch ein kleines zerbrochenes Fenster, das wohl zum ehemaligen Badezimmer gehörte. Über den Boden huschten einige Tiere – Mäuse, nehme ich an, aber sie waren zu schnell, um sicherzugehen; und dann gab es Kröten, die so faul waren, daß ich aufpassen mußte, nicht auf sie zu treten. Nachts hörte ich oft die unverwechselbaren Geräusche herumstöbernder Igel, jener liebenswerten Nachttiere, von denen ich schon erzählt habe. Ich glaube, sie lebten und überwinterten auch hier in einem sicheren unterirdischen Domizil. Und in diesem Frühjahr hatte sich ein Zaunkönigpärchen zu den anderen Vögeln gesellt und das Geißblatt mit schrillen Tönen zu seinem Territorium erklärt. Sie bauten sich ein Nest darin, eine raffinierte, nahezu unsichtbare Konstruktion aus Moos.

Und nun ist die alte Dame verschieden. Das Haus wird zum Verkauf angeboten. Anscheinend war man der Meinung, daß der gegenwärtige Zustand des Anwesens nicht tragbar sei und potentielle Käufer abschrecken würde. Es mußte vorzeigbar gemacht werden.

Also kamen letzte Woche die Männer. Sie brachten ihr Werkzeug mit und begannen ohne Umschweife mit ihrer Arbeit. Von morgens bis abends war die Luft mit dem ohrenbetäubenden Lärm der Sägen und Schredder, mit Lachen und lautem Radiogedudel erfüllt, und um fünf waren sie fertig. Nichts war verschont geblieben. Weder die Maiglöckchen noch die Bäume und Sträucher, auch nicht der Jasmin und die Rose. Nicht einmal der Rhododendron. Alle waren herausgerissen worden. Zerstört. Ausgelöscht. Die Kletterpflanzen waren von den Wänden heruntergezogen worden. Das ganze Grundstück war umgepflügt und in ein nacktes Stück Erde ohne nur einen einzigen Grashalm verwandelt worden.

Welche Pein muß das für die Bewohner bedeutet haben? Was war mit den Zaunkönigen im Geißblatt passiert? Was mit den Amseln und Drosseln? Was mit den Mäuse-, Spitzmaus- und Igelsippen, die ihre warmen Baue dort irgendwo unter der Erde gehabt, was mit den friedlichen Kröten, die unter den Steinen und Stämmen ihre Zuflucht gefunden hatten? In nicht einmal acht Stunden war ihr kleiner Himmel zur Hölle geworden. Ihre Welt existierte nicht mehr.

Das Haus ist jetzt von weitem zu sehen. Seine Fenster – viel mehr, als ich gedacht hatte – starren mich wie traurige Augen an. Und ich starre genauso traurig zurück. Was ich sehe, ist ein kahles, verlassenes Gebäude mit zerkratzten, nackten Wänden, völlig einsam, in einer wüsten Ödenei. Ein Anwesen, das zu Geld gemacht werden muß. Das Paradies war dazu offenbar nicht geeignet. Das Paradies, nach dem wir immer suchen. Das wir aber leider, wenn wir ihm dann begegnen, nicht erkennen.

Das gefundene Paradies

Die Natur ist zu kraftvoll, um sich auf Dauer auslöschen zu lassen. Wie sehr ein Feuer das Land auch verwüstet hat, im folgenden Frühling wird sich die verbrannte Erde über Wurzeln und Rhizomen öffnen, und frisches Grün wird emporschießen, als sei nichts geschehen. Weidenröschen werden aus dem Nichts auftauchen und ihrem neuen Territorium mit ihrem kräftigen Purpurrot den Stempel aufdrücken. Vögel werden wiederkommen und mit eingeschleppten Samen und Beeren zur Wiederherstellung ihres Reviers beitragen. Kaninchen werden zurückkehren und neue Gänge in ihr altes Gehege bauen.

Nein, die Zerstörung ist nie von Dauer. Seit Urzeiten wurden Städte durch Vulkanausbrüche zerstört, doch es dauerte gewöhnlich nie lange, bis die Bewohner zurückkehrten und ihre Häuser über den Aschehresten der alten Siedlung neu errichteten. Sei es Pflanze oder Vogel, Tier oder Mensch, der Phönix erhebt sich immer wieder aus der Asche.

Wenn man der Natur ihren Lauf läßt oder ihn unterstützt, ist auch eine Zerstörung durch den Menschen oft nur eine vorübergehende Angelegenheit. Also hätte ich mir nicht allzu viele Sorgen machen müssen, als skrupellose Arbeiter den verlassenen Garten nebenan innerhalb von einem einzigen Tag in Ödland verwandelt hatten. Aber damals konnte ich das noch nicht so sehen. Es war einfach grauenvoll: Kein Fitzelchen Grün war übriggeblieben. Das gesamte Unterholz, jenes faszinierende Gewirr aus Rosen, Jasmin und Holunder, war wegradiert worden, zusammen mit den Amseln, Drosseln, Rotkehlchen und Zaunkönigen, die darin gelebt hatten. Sogar die Hecke zwischen unseren Gärten hatte weichen müssen, und mir war plötzlich der öde Ausblick auf nichts als nackte Erde beschert worden. Das bedeutete auch, daß meinem Garten der Sichtschutz genommen und er nun erbarmungslos der Neugier von allem und jedem ausgesetzt war. Ganz sicher würde eines Tages wieder irgendeine Form von Vegetation entstehen, doch im Augenblick hätte ich genausogut in den Straßen von Manhattan sitzen können. Kein Wunder, daß ich deprimiert war.

Nach einer Woche Schmollen im Haus – mit zugezogenen Vorhängen auf der Seite zum Nachbarhaus trotz eines herrlichen Sommers – beschloß ich, etwas dagegen zu unternehmen. Ich verlor keine Zeit, und ehe es zwölf schlug, hatte ich einen provisorischen, zwei Meter hohen Zaun aus Binsenmatten errichtet. Er wirkte natürlich und unaufdringlich und verhalf mir auf der Stelle wieder zu meiner gewohnten Intimität. Das hatte ich nicht als Dauerlösung geplant, mein nächster Schritt sollte sein, eine Hecke zu pflanzen. Doch damit mußte ich bis zum Herbst warten.

Am nächsten Morgen öffnete ich alle Vorhänge und feierte meine wiedererlangte Unabhängigkeit mit einem ausgiebigen Frühstück im Garten, bei dem nicht jeder die Eier auf meinem Teller zählen konnte (es waren mehr, als meine Diät eigentlich zuläßt).

Der Frieden währte, wie immer, nicht lange. Keine Woche danach stand ein Vertreter der Ortsverwaltung vor meiner Tür und wollte die Baugenehmigung sehen. Da Bauen meiner Meinung nach etwas mit Backsteinen zu tun hat, nahm ich an, er meinte die niedrige Mauer, die ich versuchsweise in einer Ecke des Gartens aufgeschichtet hatte, um sie mit Erde zu füllen und eventuell einen Steingarten anzulegen. Ich war nicht sonderlich zufrieden mit dem Ergebnis und hatte bereits beschlossen, sie wieder abzutragen. Deshalb sah ich kein Problem darin zu versprechen, daß ich sie so bald wie möglich entfernen würde.

Drei Tage später erhielt ich einen Brief. Von der Ortsverwaltung. Sehr zu ihrem Bedauern hätten sie festgestellt, daß ich ihrer Anweisung, die Mauer einzureißen, keine Folge geleistet hätte. Wenn das nicht binnen drei Tagen der Fall sei, dann ...

Das war absurd und ausgesprochen ärgerlich. Welche Mauer? Sollte ich mein Haus abreißen? Ich wartete, bis ich mich in einen regelrechten Wutanfall hineingesteigert hatte, und stattete dann der Behörde persönlich einen Besuch ab.

Ein feiger, namenloser Amtsinhaber empfing mich mit einem verkniffenen Lächeln, und bei der folgenden, ein wenig hitzigen Diskussion wurde klar, daß sie den Zaun gemeint hatten. Das war natürlich der absolute Wahnsinn. Ich versuchte zu erklären, daß ich keine Mauer, sondern einen Sichtschutz errichtet hatte, noch dazu einen temporären, um mein Paradies gegen ihre Hölle abzuschirmen. Das war zugegebenermaßen nicht sehr freundlich, denn die Behörde war nicht Eigentümerin des Nachbaranwesens und daher in keiner Weise verantwortlich für dessen gegenwärtigen Zustand, doch ich befand mich in einer ziemlichen Nervenkrise und war deshalb nicht ganz Herr meiner Worte. Als nächstes erklärte ich, daß die Abzäunung aus rein natürlichen Materialien bestand, so etwas wie hohes, wintertrockenes Gras sei. Und dagegen könnte doch niemand etwas einwenden, oder? Nun, *er* schon, und sein Grinsen wurde noch verkniffener, als er mir mitteilte, daß es gegen die lokalen Bestimmungen verstoße, ohne

Genehmigung irgendeine Trennwand zu errichten, die höher als einen Meter sei.

Nachdem ich sichergestellt hatte, daß es nicht gegen die lokalen Bestimmungen war, eine Hecke zu pflanzen – was zum Glück nicht der Fall war, selbst wenn ich vorhätte, sie zehn Meter hoch wachsen zu lassen –, ging ich so wütend, wie ich gekommen war. Ich schrieb sofort einen Brief an die übergeordnete Behörde und erklärte, daß die natürlichen Bestandteile meiner Trennwand unerwarteterweise Wurzeln geschlagen und zu wachsen begonnen hätten. Juristisch handele es sich jetzt also um eine Hecke, und nach den lokalen Bestimmungen sei ich in keiner Weise verpflichtet, die zu entfernen. Das war natürlich eine faustdicke Lüge, und ich rechnete nicht damit, daß mir das jemand glauben würde. Schon bald, fürchtete ich, würden sie sich mit einem Abrißtrupp einstellen, meinen armen Zaun niedermachen und mich anschließend verhaften. Doch die Wege der Obrigkeit sind unergründlich, und ich hörte nie wieder etwas in der Angelegenheit.

Der Zaun hatte übrigens nicht lange Bestand. Kurz nach dem kalendarischen Herbstbeginn zerfetzte ihn ein Orkan, und zwei Tage später pflanzte ich die neue Hecke.

Den ganzen Sommer über hatte unterdessen ein ständiges Kommen und Gehen potentieller Käufer auf dem Anwesen stattgefunden. Und eines Tages war das Schild »Zu verkaufen« verschwunden. Ich hatte neue Nachbarn!

Am Anfang traute ich ihnen ganz und gar nicht. Ich war

der Meinung, daß jeder, der ein derartig trostloses Grundstück kaufte, mit einer mürrischen Natur und einem akutem Mangel an Phantasie, wenn nicht gar dem aller Sinne, behaftet sein müsse. Daß es auch das Gegenteil bedeuten konnte, kam mir nicht in den Sinn. Doch es wurde bald klar, daß die neuen Besitzer, ein älteres Paar, mehr als die übliche Portion Phantasie besaßen. Vom ersten Tag an herrschte in ihrem Garten lebhafte Betriebsamkeit. Von morgens bis abends gruben und harkten, hackten und pflanzten sie. Besonders fiel mir auf, daß sie Unmengen geheimnisvoller Pflanzen und Schößlinge einsetzten, die in der Mehrzahl, wie durchsickerte, von Streifzügen durch die umliegenden Wälder und Felder stammten. Anscheinend zogen sie Wildblumen konventionellen Chrysanthemen und Dahlien vor, und mir kam der Gedanke, daß der Geist des alten Gartens noch weiterbestand und ihre Aktivitäten leitete.

Gelegentlich hielten wir kurze, unverbindliche Schwätzchen über die Hecke hinweg, und ich erfuhr, daß sie das Leben in der Stadt mit dem auf dem Land aus ganz ähnlichen Gründen wie ich vertauscht hatten: um der Hetze der Großstadt zu entkommen. Er war in Rente gegangen und wollte seinen Lebensabend in ländlicher Ruhe verbringen. Er liebte die Gartenarbeit und hatte dieses Grundstück sowohl wegen seiner Lage als auch wegen seiner völligen Kahlheit gewählt, weil die ihm die Möglichkeit zu einem komplett neuen Anfang bot. Nicht, daß er etwas Spektakuläres vorhatte; im Gegenteil, er wollte der Natur soviel freien Lauf wie möglich lassen. Keinen weiteren adretten, kurzgeschorenen Rasen, erklärte er, sondern lieber eine kleine Wiese. Viele Sträucher und Bäume – das würde die Vögel anlocken ... Übrigens, ihm gefiele mein Garten. So viele versteckte Winkel und Ecken.

Im allgemeinen interessiere ich mich nicht für die Aktivitäten und Meinungen meiner Nachbarn, denn meist unterscheiden sie sich von meinen, aber das klang wie Musik in meinen Ohren. Mir wurde sofort klar, welches Glück ich hatte, denn gleiche Ansichten über etwas wie Gärten sind unendlich wichtiger als, sagen wir, ein gemeinsames politisches Interesse. Politik ist eine rein häusliche Angelegenheit, während unsere beiden Gärten in direkter Verbindung standen und sich wechselseitig stark beeinflussen konnten. Es bedeutete auch, daß ich künftig wohl darauf verzichten konnte, seinen Garten um jeden Preis aus meinem Gesichtskreis zu verbannen. Auch wenn er wahrscheinlich nie wieder den früheren Grad an Verwahrlosung erreichen würde, könnte doch ein Teil des Dschungels unter der sorgsamen Ägide seiner neuen Besitzer wiedererstehen, und viele Vögel, Tiere und Blumen könnten wieder ein sicheres Refugium finden.

Genau das ist geschehen, wie ich zu meiner großen Freude festgestellt habe. Die Zaunkönige sind in diesem Frühjahr zurückgekehrt und haben ihr Nest in dem neuangepflanzten Geißblatt gebaut, das letzten Sommer so hemmungslos gewachsen ist. Der kleine Rasen vor dem Haus ist zur Miniwiese mit Grashalmen zwischen einem üppigen Teppich aus Hahnenfuß, Gänseblümchen, Mohn und Gundermann geworden. Und ein kühnes Amselpärchen hat für sein Nest die noch dünne Krone der jungen Kastanie gewählt.

An einem milden Abend luden mich meine Nachbarn zu einem Verdauungskaffee auf ihrer Blumenwiese ein. Als unsere Unterhaltung für einen Moment ins Stocken geriet, bemerkte ich, daß der Mann seinen Garten mit unverhohlener Zärtlichkeit betrachtete. Er ist von bescheidener Größe und steckt noch in den Kinderschuhen, aber anscheinend blickte mein Nachbar in die Zukunft und sah vor seinem geistigen Auge die Chance für ein kleines Shangri-La.

»Wissen Sie«, sagte er plötzlich zu mir, »ich habe mich immer nach dem Paradies gesehnt. Ich glaube, ich habe es gefunden.«

Zwerge

DES ÖFTEREN WUNDERE ich mich, welche geheimnisvolle Macht manche Leute dazu treibt, ihre Gärten mit Gipszwergen vollzustellen, deren Farben so aggressiv sind, daß daneben selbst die leuchtendsten Blumen verschreckt und irgendwie blaß wirken. Die Begonien sind beleidigt, die Petunien bekommen Minderwertigkeitskomplexe und die Geranien erscheinen etwas blutleer. Trotzdem hat sich ein derartiger Zwang einer meiner Nachbarsfamilien bemächtigt, wie ein kurzer Blick in ihren Garten eindeutig bestätigt. Man entdeckt als erstes den Oberzwerg, der den Rasen mit seiner Schubkarre voll roter Geranien dominiert. Überall um ihn herum befinden sich Armeen seiner Unterzwerge in verschiedenen Arbeitsposen, während fünf noch rangniedrigere Exemplare in

Gesellschaft mehrerer großer, leuchtendgrüner Frösche am Teich offenbar ein Wettangeln veranstalten.

»Hören Sie auf!« Ich kann Ihren gequälten Aufschrei förmlich hören, denn Sie haben, genau wie ich, wenig übrig für diese grellen Schreckgespenster. Doch sollten Sie mich fragen »Glauben Sie etwa an *Zwerge?*«, dann würde ich nur höflich lächeln. Ich würde alles daran setzen, Ihnen wortlos klarzumachen, daß ich über Ihre alberne Frage hinwegsehe. Und dann würde ich versuchen, taktvoll das Thema zu wechseln.

An dieser Stelle muß ich etwas eingestehen, und ich bitte um Verständnis, daß ich nur flüstere, denn ich will nicht, daß alle Welt es hört. Doch für Sie kommt es nicht ganz überraschend, denn ich habe es auf einer der vorigen Seiten schon kurz erwähnt: Ich selbst habe einen Zwergengarten. Aber keine Angst, Sie werden keinen einzigen sichtbaren Zwerg darin entdecken. Ich habe den Namen nur als Rückversicherung gewählt für den Fall, daß es *doch* Zwerge gibt (das Gegenteil wurde jedenfalls nie bewiesen). Und sollten sie in der Tat so wunderbare Gärtner sein, wie die Geschichten immer berichten, dann hoffe ich, daß sie sich geschmeichelt und von meinem Garten angezogen fühlen, um darin ihre Wunder zu vollbringen.

Es ist unwahrscheinlich, daß Außenstehende auch nur im geringsten von meinem Zwergengarten beeindruckt sind, denn er ist nichts weiter als ein abgelegener und vernachlässigter Winkel des Gartens. Er ist ein Ort, an dem alles, was grün ist und wächst, willkommen ist, wo ungebetene Gäste nicht abwiesen werden, solange Platz für sie vorhanden ist. Ich befürchte, den Augen des ernsthaften Gärtners bietet er wenig Harmonie. Mit anderen Worten: Er ist eine bloße Unkrautwildnis. Allerdings gibt es da gewisse Grenzen, selbst die Zwerge benötigen gelegentlich ein wenig Hilfe. Manche Unkräuter kann noch nicht einmal ich zulassen, und es wäre eine Lüge zu behaupten, ich bekäme von diesen verhaßten Eindringlingen nicht ordentlich was ab. Im Gegenteil, angesichts meiner Toleranz allem gegenüber, was grün ist, bekomme ich wahrscheinlich mehr davon als die Nachbargärten, deren Besitzer auf der Stelle jedes kleinste Fitzelchen Grün herausreißen, dessen Herkunft ihnen nicht bekannt ist. Zu jeder Tages- und Nachtzeit sind sie in der Lage, den kompletten Bestand in ihrem Garten mit nervtötender Genauigkeit aufzulisten, denn *Ordnung muß sein*, und danach freuen sie sich diebisch und schauen einen an wie eine Katze, die gerade einen Kanarienvogel verspeist hat. Nicht ohne Grund, muß ich leider zugeben, denn in der Tat ist es eine große Leistung, der erfolgreiche Herrscher über sein eigenes Grundstück zu sein. Ich jedenfalls werde das nie und nimmer erreichen. Vielleicht liegt es auch daran, daß ich das nicht will. Ich bevorzuge Ungewißheiten und Überraschungen. Genauso wie, da bin ich mir sicher, das Zwergenvolk, falls es existiert – und ich tue mein Bestes, mir einzureden, daß einige meiner Gartenüberraschungen den Zwergen zuzuschreiben sind, denn diese Vorstellung gefällt mir und entbindet mich von der Verantwortung.

Nehmen wir beispielsweise die Rote Lichtnelke. Sie kam uneingeladen, suchte sich taktvoll genau die Stelle aus, an der sie optimal mit ihren Blüten protzen konnte, an der sie sich danebenbenehmen und Zwischenfälle provozieren konnte. Wie den im letzten Jahr, als eine Frau aus dem Dorf für ein Schwätzchen am Gartentor haltmachte. Während unserer gesamten Unterhaltung sah sie in eine bestimmte Richtung, irgendwo über meine linke Schulter hinweg, dann konnte sie ihre Neugier nicht länger bezähmen. »Was sind das für wunderschöne rosa Blumen?« fragte sie. Ich drehte mich herum und sah, was sie meinte: Über einigen Farnen in der Nähe der Hecke erhoben sich die Blüten der Lichtnelke. Sie bildeten einen derartig unerwarteten Farbfleck in dieser dunklen Ecke, daß sie wie etwas besonders Exotisches wirkten. Doch sobald ich ihr erklärte, es seien Lichtnelken, zuckte sie zusammen, und die Bewunderung verschwand auf der Stelle aus ihrem Blick. »Aber das ist doch *Unkraut!*« keuchte sie. Das Wort *Unkraut* sprach sie dabei so aus, als handele es sich um eine obskure Krankheit. Ich verlor fast die Beherrschung. Albernes Weib. Wieso war eine Blume nicht mehr schön, sobald ihr Name bekannt war?

»Ja«, fuhr ich sie an, »das ist Unkraut, und ein besonders schönes obendrein; es blüht nicht nur rosa, sondern auch weiß.« Und dann fügte ich noch hinzu: »Die Zwerge haben es gepflanzt!« Es war heraus, ehe ich mich versah. Die arme Frau. Kein Wunder, daß sie verschreckt war; sie hatte plötzlich entdeckt, daß ich nicht nur farbenblind, sondern auch leicht irre war.

»Äh, tschüs, will Sie nicht aufhalten!« murmelte sie hastig und eilte davon, bereit, ihre neugewonnene Erkenntnis, daß ich übergeschnappt sei, mit dem erstbesten Dorfbewohner zu teilen, der ihren Weg kreuzen würde. Doch die Tatsache, daß Lichtnelken, Unkraut hin oder her, reizend und schön sind, bleibt bestehen. Und wenn Sie sich die Mühe machen, sich die rosafarbenen Blüten näher zu betrachten, dann entdecken Sie ein Detail, das normalerweise übersehen wird: Genau in der Mitte tragen sie eine winzige, zarte Krone, die manchmal weiß, manchmal blaßrosa ist, und es ist dieses kleine Extra, das zu ihrem merkwürdigen Charme beiträgt. Was allerdings den Zusammenhang zwischen den Zwergen und der Anwesenheit der Lichtnelke in meinem Garten angeht, da möchte ich mich mit Ihrer Erlaubnis jedes weiteren Kommentars enthalten. Mich amüsiert einfach der Gedanke, daß Zwerge für meine Lichtnelken verantwortlich sein könnten. Genauso wie für ein bis zwei ganz besondere Überraschungen in diesem Frühjahr.

Die erste entdeckte ich, nachdem ich mit einem Freund darüber gesprochen hatte, wie lästig bestimmte geflügelte Insekten seien und wie schwierig es sei, sie loszuwerden, wenn man gegen Sprühen ist (was ich in hohem Maße bin). Irgendein Wesen muß das Gespräch belauscht haben, denn wenige Stunden später entdeckte ich einen merkwürdigen Gast im Zwergengarten: eine kleine Rosette aus runden, braunroten Blättern, die jeweils von einer winzigen Tiara glitzernder Diamanten umgeben war. Obwohl ich diese Pflanze noch nie gesehen hatte, erkannte ich sie sofort anhand der Beschreibung in meinem Wildpflanzenbuch: rundblättriger Sonnentau, der die faszinierende Fähigkeit besitzt, sich zusätzliche Nährstoffe zu verschaffen, indem er mit jenen Diamanten, die nichts anderes sind als Klebstofftropfen, Insekten fängt. Sobald ein Insekt daran festklebt, falten sich die Blätter einfach zusammen, und die Pflanze beginnt mit dem Verdauungsprozeß. Zugegeben, die Zahl der Insekten, die so gefangen werden, ist extrem klein, aber Zwerge sind schließlich auch klein und denken sicher entsprechend.

An einem anderen Morgen, vor gar nicht so langer Zeit, entdeckte ich eine ungewöhnliche grüne Lanze, die sich durch die dunkle Erde schob. Sie war mir unbekannt und für eine Bestimmung noch zu klein und unentwickelt. In jedem anderen Garten wäre sie wohl auf der Stelle herausgerissen worden, aber in meinem blieb sie, überflüssig zu sagen, unbehelligt.

Sie wuchs schnell, und eine Woche später hatten die obersten Blätter ihre endgültige Form ausgebildet. Ich war begeistert, denn ich merkte, daß es sich um eine wilde

Orchidee handelt. Welche Art genau, ist momentan noch schwer zu sagen. Ich muß warten, bis sie Blüten hat. Doch es ist eine Orchidee, und ich bin mir sicher, daß sie in den nächsten Tagen aufblühen wird. Ich habe vor, dann aus diesem Anlaß eine Party zu geben. Und dazu sind auch die Zwerge eingeladen.

Platsch!

SOLANGE ICH ZURÜCKDENKEN kann, habe ich ein lebhaftes Interesse an Wasser und allen Kreaturen, die darin leben, gehabt – am Zauber der gläsernen Fläche, in der sich die zarten Spiegelungen von Schilf, Bäumen und Wolken mit einer stummen, fremden Unterwasserwelt vermischen. Meine allerersten Erinnerungen haben mit Wasser zu tun, mit dem riesigen azurblauen Band, das den Ausblick aus unserer Wohnung in Monte Carlo beherrschte. Wann immer ich aus dem Fenster sah, war es da. Wenn meine Mutter mich zum täglichen Bad mitnahm, konnte ich es fühlen und schmecken. Das dunkelblaue Meer verwirrte mich immer aufs neue, denn sobald wir in die Brandung eintauchten, war es nicht mehr blau. Es wurde zum kristallenen Geheimnis. Es ließ die Kiesel auf seinem

Grund seltsam zittern und bewirkte, daß meine Beine merkwürdig und kurz aussahen. Am allermeisten trug jedoch das Kommen und Gehen der kleinen Fische und anderer winziger Kreaturen zur Magie der Unterwasserwelt bei. Sie faszinierten mich völlig, sie hatten meine ungeteilte Aufmerksamkeit. Die Trennung von ihnen war ein ewig wiederkehrendes Drama, und mein Wunsch, daß man mich vergessen würde und ich in den sanften Wellen bleiben könnte, erfüllte sich nie. Selbst der Versuch, mich als Fisch zu tarnen, nützte nichts; irgendwie erkannte mich meine Mutter doch immer.

Als ich älter war, zogen wir in ein kleines Dorf in einer ländlichen Gegend. Dort waren meine Wasserstudien etwas genauer umrissen. Rundherum lagen Felder, Wiesen und Weiden, die von unzähligen kleinen Gräben, Flüßchen, Bächen und anderen Gewässern durchzogen waren. Ihre Ufer boten unendliche Zerstreuungsmöglichkeiten, und ich konnte, bewaffnet mit meinem Fangnetz und einem Marmeladenglas, stundenlang am sumpfigen Wassersaum verbringen. Mit unendlicher Geduld schöpfte ich zahllose Kreaturen heraus, und die interessantesten Exemplare verleibte ich meiner Sammlung von Elritzen, Käfern und Kaulquappen ein, die wundersamerweise in mehreren Reihen von Gläsern auf meiner Fensterbank überlebten.

Zwangsläufig kam die Zeit, in der andere Fragen des Lebens die Oberhand gewannen. Je mehr mich die Gesellschaft in Anspruch nahm, um so mehr schwand mein

Interesse an allem Wäßrigen. Stimmt das? Ich glaube nicht. Wann immer ich auf Wasser stoße, sei es ein See, das Meer, ein Fluß, Teich oder Tümpel, werde ich magisch davon angezogen. Besonders Teiche, egal, wie klein sie sind, haben eine Anziehungskraft, der ich selten widerstehen kann, und als ich einen winzigen und äußerst unansehnlichen Teich bei dem Haus entdeckte, dessen Kauf ich in Erwägung zog, bestimmte das meine endgültige Entscheidung. Zugegeben, der Teich war schrecklich klein und vernachlässigt, und seine Ränder waren mit Schwertlilien, Vergißmeinnicht und Gräsern zugewuchert. Aber er erfüllte die Grundbedingungen: Es befand sich Wasser darin, das so klar war, daß ich den Grund sehen konnte, und er beherbergte sogar ein paar schwimmende Kreaturen. Nötig war bloß eine kleine Umgestaltung und Ausdünnung des allzu üppigen Bewuchses. Also machte ich Pläne und erstellte Listen. Ich träumte von kleinen Fontänen oder vielleicht gar einem winzigen, wasserspeienden Delphin.

Als ich an einem sonnigen Frühlingstag endlich genug Zeit und Mut hatte, an die Umsetzung des Projekts zu gehen, entdeckte ich auf den Steinen an der Schmalseite des Teichs zwei Grasfrösche, einen winzigen Grünfrosch und eine fette, sorglose Kröte. Sie saßen dicht beieinander und wärmten sich in der Sonne. Ich beugte mich herunter, um sie näher zu betrachten. Sofort sprang der Grünfrosch wieder in den Teich. Doch die beiden anderen und die Kröte ließen sich durch meine Gegenwart nicht im geringsten stören. Ihre kleinen Körper, die flach und entspannt in der warmen Maisonne lagen, bewegten sich nicht, und ich brachte es nicht übers Herz, ihre kostbare Ruhe zu stören – das wäre schlicht Tierquälerei gewesen. Am nächsten Tag waren sie an derselben Stelle zu finden, und wieder ließ ich ihnen ihren Frieden.

Die Wochen vergingen, und ich veränderte nichts am Teich. Inzwischen vergrößerte sich die Froschpopulation. Gelegentlich zählte ich bis zu sieben, die alle friedlich beisammen saßen. Auch Frau Kröte gehörte normalerweise zur Gesellschaft. Ich verwarf alle Pläne, den Teich zu »verschönern«. Brauchte er denn überhaupt eine Verschönerung, wenn sich diese Uferbewohner hier so wohl fühlten? Schließlich war es ja *ihr* Teich. Soweit ich wußte, konnten sie seit Jahren hier gelebt haben (Frösche und Kröten können recht alt werden); was gab mir also das Recht, ihr friedvolles Leben und ihre Heimstatt zu zerstören?

Als ich von dem nie endenden Kampf meines Nachbarn erfuhr, aus seinem Teich (dem mit den angelnden Gartenzwergen, Sie erinnern sich sicher) eine Zierde zu machen, bestärkte mich das noch mehr, meinen in Ruhe zu lassen. Vom ersten Tag an erlebte er eine Katastrophe an der anderen. Er unternahm alle möglichen fürchterlich professionellen Anstrengungen, um die idealen Bedingungen für seine Pflanzen und Goldfische zu schaffen. Er und seine Frau rannten ständig mit absonderlichen Instrumenten herum und riefen sich geheimnisvolle Botschaften zu, etwa: »Der Pehah ist heute viel besser, Liebes!« Kurz darauf eignete ich mir das nötige Wissen über die Bedeutung des pH-Werts in einem Teich an. Doch ob er an jenem Tag richtig war, oder an irgendeinem anderen Tag, bezweifle ich sehr, denn alles in ihrem Teich starb mit beängstigender Geschwindigkeit. Die gesamte Goldfischpopulation schied innerhalb einer einzigen Woche dahin, und gelegentlich trieben tote Mäuse darauf. Um sie für ihre Verluste zu entschädigen, schenkte ich ihnen einmal einen Frosch aus meinem Teich; keine drei Stunden später war er wieder in meinem Garten. (Frösche haben eine ganz individuelle Zeichnung, so daß man sie leicht unterscheiden kann; ich kenne jeden meiner Frösche persönlich.)

Doch all ihr Jammer und Leid hatten wenigstens einen guten Zweck: Sie überzeugten mich davon, daß menschliches Eingreifen nicht immer zum Guten ist, und sie bestärkten mich in dem Glauben, daß es oft besser ist, der Natur ihren eigenen Lauf zu lassen. Ich beließ meinen Teich, wie er war, und ich habe es nie bereut. Mittlerweile ist das im fünften Sommer so, und die drei kleinen Goldfische, die ich im ersten Jahr eingesetzt habe, um ein bißchen Farbe hineinzubringen und um die Mückenlarven, die keineswegs willkommen sind, zu bekämpfen, haben sich zu riesigen, fetten und faulen Kreaturen entwickelt, obwohl sie nicht ein einziges Mal von mir gefüttert worden sind. (Meine Nachbarn, die ihre Fische akribisch mit ausgewogenen und auserlesenen Futtermischungen versorgen, mußten kürzlich einmal mehr den gesamten Bestand nach dem Ausbruch einer geheimnisvollen Krankheit ersetzen.) Frösche und Kröten sind in jedem Jahr nach ihrer Winterruhe wieder aufgetaucht. (Falls Sie es nicht wußten: Frösche überwintern tief in den Schlick eingegraben auf dem Teichgrund; allerdings schlafen sie nicht die ganze Zeit, denn ich habe öfter gesehen, wie sie herauskamen und unter dem Eis herumschwammen. Im Gegensatz dazu bleiben Kröten an Land und graben sich Löcher unter Baumstämmen, Steinen und ähnlichem, um den Unbilden des Winters zu trotzen.)

In diesem Jahr bot mein Teich eine Überraschung: Ich entdeckte eine ebenso häßliche wie faszinierende Lebensform, ein winziges prähistorisches Ungeheuer, das herumschwamm oder dicht unter der Wasseroberfläche an den Blättern der Schwertlilien saß. Mein Handbuch verriet seine Identität: Es war eine Libellenlarve. An einem Junitag beobachtete ich, wie sie ihren feuchten Lebensraum verließ, bis weit über die Wasseroberfläche kletterte und sich an einem Blatt festsetzte. Einige Stunden später spielte sich direkt vor meinen Augen ein atemberaubendes Schauspiel ab: Der Rücken platzte auf, und heraus kam ein Insekt von beachtlicher Größe und berückender Schönheit. Eine Libelle! Ganz langsam entfalteten sich die durchsichtigen Flügel und härteten sich in der Sonne. Dann begann sie plötzlich zu zittern und startete zu ihrem Flug in den klaren Sommerhimmel, sauste in immer größeren Kreisen voller Lebensfreude dahin.

Nicht allein die Tierwelt verschafft mir angenehme Überraschungen. Die gelben Schwertlilien weisen eine unerwartete Besonderheit auf: Sie weinen! Ja, sie produzieren Tränen, wie ich zufällig an einem Sommerabend herausfand. Es war schon dunkel, und ich hatte gerade die kleine japanische Lampe hinter dem Teich eingeschaltet, die einzig zum Wohl von Frau Kröte angebracht wurde. Sie ist nachts besonders aktiv und läßt es sich gutgehen mit den Insekten, die vom Licht angezogen werden. Ich beobachtete sie gerade bei der Jagd auf ihre kleine Beute, als ich ein einzelnes, winziges Funkeln oben an einem Schwertlilienblatt entdeckte. Was konnte das sein? Für Tau war es noch zu früh. Ich berührte den flüssigen Diamanten vorsichtig und erwartete so etwas wie eine klebrige Masse, die ich mit dem Finger zu einem transparenten Faden ziehen konnte. Doch statt dessen fiel er bei der leisesten Berührung mit einem seltsam melodiösen und klaren *tropf!* in den Teich.

Ich setzte mich hin und beobachtete das Schauspiel. Ganz allmählich bildeten sich weitere Edelsteine an den Spitzen anderer Blätter, und bald glitzerten Hunderte von winzigen Tränen im Licht der Lampe. Die Tropfen wurden größer und größer, und die Blätter neigten sich unter ihrem Gewicht. Dann fiel ein Diamant nach dem anderen in den Teich. *Tropf, tropf, tropf* – mit einer breiten Vielfalt von Tönen. Und die Blätter richteten sich, ihrer Last entledigt, wieder auf.

Zweifellos gibt es eine wissenschaftliche Erklärung für dieses Phänomen. In der Tat entdeckte ich bei einem kurzen Blick in meine 1894er Ausgabe von »Die Naturgeschichte der Pflanzen« (hierbei handelt es sich trotz seines Alters um eins der umfassendsten Werke, die ich kenne) ein ganzes Kapitel zum Thema »Regulierung der Transpiration« von Blättern. Ich habe beschlossen, es nicht zu lesen – jedenfalls nicht im Moment. Ich ziehe es vor, in glückseliger Ignoranz zu verharren und mir die Illusion zu bewahren, meine Schwertlilien könnten Tränen vergießen. Doch da sie in ihrer ungestörten Teichecke wenig Grund zur Trauer haben, kann ich nur folgern, daß es sich dabei um Freudentränen handelt.

Kleine Nachtmusik

Ein Garten ist etwas, darin sind sich wohl die meisten von uns einig, das vor allem den Tag braucht. Nicht allein, weil alles, was grünt und wächst, auf Tageslicht angewiesen ist, sondern auch, weil wir Licht benötigen, um unsere Phantasie und den grünen Daumen einzusetzen, und nicht zuletzt auch, um uns unserer floralen Schätze zu erfreuen. Wie wir die erlangen, hängt im wesentlichen von unserem Temperament und den individuellen Vorlieben ab.

Meiner Meinung nach gibt es zwei Arten von Gärtnern: jene, die sich nur wegen der körperlichen Betätigung im Garten den lieben langen Tag mit Graben, Jäten, Stutzen und Beschneiden abplagen, und die anderen, die sich der Gartenarbeit in der Hoffnung unterziehen, sich später an den Ergebnissen erfreuen und verzückt an ihren sonnenbeschienenen Rabatten entlangschlendern zu können, die sich über jede Rose beugen und ihren köstlichen Duft tief einatmen. Ich fürchte, ich gehöre zur letzteren Sorte, und ich muß zugeben, daß meine Gartenarbeit ziemlich ziel- und sinnlose Aktivitäten einschließt, etwa Stunden des trägen Nichtstuns, des Schwelgens in der Abgeschiedenheit meines geheimen Gartens.

Doch ganz gleich, welche gärtnerischen Ambitionen wir haben, das Tageslicht ist ein wesentliches Bindeglied zwischen uns und unseren Gärten. Niemand, der seine fünf Sinne beisammen hat, wird um Mitternacht jäten; nach Sonnenuntergang verliert auch die üppigste Romantica ihren Liebreiz, und wenn es dunkler wird, ist es nahezu unmöglich, sie von der bescheidenen Heckenrose zu unterscheiden.

Sobald die Schatten überhandnehmen, gehen wir ins Haus und baden oder duschen, um die Erde und den Schweiß abzuspülen, die uns unsere Tagesarbeit beschert hat. Manchmal gehen wir am Abend wieder hinaus und sitzen auf unserer Terrasse oder Veranda; über uns brennt ein elektrisches Licht, vielleicht flackert auch eine Kerze auf dem Tisch. Doch hinter dem magischen Lichtkreis erhebt sich eine dunkle Wand, und der Garten hört einfach auf zu existieren. Aber stimmt das?

Ich kannte früher eine wunderbare alte Dame. Sie besaß ein kleines, reetgedecktes Häuschen auf einem winzigen

Grundstück, das sie in ein Miniparadies verwandelt hatte, in einen Garten, der so geschmackvoll gestaltet war, daß er mich an eine erlesene Stickerei aus der Zeit von Queen Anne erinnerte. Ihre große Liebe galt der Gartenarbeit, und obwohl ihr jemand bei den schwereren Arbeiten half, erledigte sie das meiste selbst. Ich sehe sie immer noch vor mir, wie sie auf einem kleinen, abgewetzten Kissen vor ihren schmalen Beeten kniete, in denen duftende Blumen und Kräuter in erstaunlicher Vielfalt gediehen. Sie liebkoste die dunkle Erde mit ihren gebrechlichen Händen oder streichelte zart einen Lavendelbusch oder den fedrigen Tuff eines Fenchels. Diese Dame war blind, und sie sah mit ihren Händen. Ihre empfindlichen Fingerspitzen erkannten jeden Stiel, jede Blüte, jedes Blatt. Mit verblüffender Genauigkeit registrierte sie Wachstum und Verfall, und ungebetenes Unkraut hatte bei ihr kaum eine Überlebenschance. Ich lernte sehr viel von ihr bei unseren häufigen Gesprächen. Sie öffnete mir die Augen für neue Dimensionen: für die samtweiche Berührung eines pelzigen Blatts, den Duft einer ungewöhnlichen Pflanze oder Blüte, das faszinierende Geräusch aufplatzender Samenkapseln. Einmal gestand sie mir, daß sie am liebsten gegen Mitternacht im Garten arbeitete, denn nur dann konnte sie, ohne Ablenkung durch den Lärm der Zivilisation, den Zauber der Sinne, Düfte und Geräusche vollkommen genießen. Sie drängte mich, es auszuprobieren, und ich versprach ihr, es zu tun.

»Das erscheint mir einleuchtend«, sagte ich, »in der nächtlichen Stille ...«

Sie unterbrach mich. »Stille?« warf sie ein. »Die gibt es nicht, mein Lieber.«

Ich habe diese Worte nie vergessen, denn sie sind absolut wahr. Stille gibt es nicht. Die Stille ist ein Teppich aus leisen Geräuschen, und allzuoft sind wir taub dafür. Doch sie umgeben uns überall, vor allem in unseren Gärten. Und wenn Sie mir das nicht glauben wollen, zeige ich Ihnen eine Möglichkeit, wie Sie sich selbst davon überzeugen können.

Wir haben fast Mitternacht, und die Sommernacht ist windstill. Ich lade Sie ein, sich zu mir an meinen alten gußeisernen Tisch im hinteren Teil des Gartens zu setzen, weit weg von den Lichtern des Hauses. Wickeln Sie sich eine Decke um die Knie, die die Nachtkälte abhält, denn wir werden eine ganze Weile hier sitzen und uns kaum bewegen. Aber ich verspreche Ihnen ein großartiges Erlebnis: Wir werden einen ungewöhnlichen Strauß pflücken, ein Bouquet erlesener Töne.

Lassen Sie uns gleich mit der häufigsten Schwingung beginnen, denn die können Sie kaum überhören: dem Zirpen, Sirren und Rascheln der zahllosen Insekten. Sie sind in der Tat so zahllos, daß man sie nicht im einzelnen ausmachen kann. Je länger wir ihnen lauschen, um so schläfriger werden wir, denn sie verschmelzen zu einem monotonen, faszinierenden Geräusch, das uns hypnotisiert, wenn wir nicht aufpassen. Wir umgehen das, indem wir es zum Hintergrundgeräusch erklären, und danach werden wir es zugunsten der weit wichtigeren Geräusche ausblenden.

Psst, nicht sprechen. Hören Sie das? Es ähnelt täuschend dem Fauchen einer Dampfmaschine oder einer Spielzeuglok, aber Sie irren sich, wenn Sie glauben, daß hier zu dieser Zeit ein Kind spielt. Nein, es ist nichts anderes als ein Igel, der sein Revier gegen einen Eindringling verteidigt. Höchstwahrscheinlich wird er in Kürze vorbeikommen, und wenn Sie absolut stillsitzen, wird er vielleicht sogar an Ihren Füßen schnüffeln und die riesige Schnecke verschlingen, die gerade über Ihren Schuh kriechen will. Und was hören Sie jetzt in dem Baum über uns? Mäuse? Ja, es klingt ein bißchen wie eine knabbernde Maus, doch das Geräusch ist sehr schwach, es müßte deshalb eine äußerst kleine Maus sein. Als ich es zum erstenmal gehört habe, habe ich mich auch davon irreleiten lassen, doch ich versichere Ihnen, in meinen Bäumen gibt es keine Mäuse. Was Sie tatsächlich hören, ist eine Wespenkolonie, über die ich Ihnen in einem späteren Kapitel noch ein paar Dinge berichten werde. Sie sind nicht nur tagsüber aktiv, sondern frönen, sobald sie heimgekehrt sind, geheimnisvollen nächtlichen Aktivitäten, die dieses Geräusch bewirken. Sie leben in einem großen, absolut runden Nest, das unter einem der Zweige hängt – ein bestens verstecktes Stück bewundernswerter Architektur. Ich hätte es ohne dieses leise Ticken nie entdeckt, und da sie in sicherer Entfernung leben und keinerlei Aggressivität gezeigt haben, habe ich ihnen erlaubt zu bleiben.

Und nun machen Sie sich auf etwas Besonderes gefaßt. Direkt hinter uns steht eine Gruppe von wildem, rosafarbenen Springkraut. Die hohen Pflanzen blühen schon seit geraumer Zeit und tragen bereits viele ausgereifte Samenkapseln, die bei der leisesten Berührung aufbrechen. Alles, was uns jetzt fehlt, ist etwas, das sie berührt – beispielsweise ein großer Nachtfalter, von denen viele, angelockt von den Düften der Nacht, hier herumfliegen. Da kommt jetzt einer. Sie können ihn natürlich nicht sehen, aber Sie hören seine Flügelschläge zwischen den Blättern.

Tickkk! Haben Sie das gehört? Welch ein nettes, knackiges Geräusch: Eine der Samenkapseln hat sich gerade geöffnet. Und sofort danach folgt ein weiteres Geräusch. Es ist schwer zu beschreiben, doch ich will es versuchen: Winzige Regentropfen, die auf den Blättern hüpfen? Oder vielleicht ein applaudierendes Publikum von Elfen? Ich überlasse das Ihrer Phantasie, solange Sie nicht vergessen, daß die Samenkapseln eine sehr große Kraft entwickeln. Sie schleudern ihren Inhalt weit und hoch in die Luft, und die applaudierenden Elfen sind die Samen, die überall um uns herum zu Boden fallen.

Ja, Sie haben recht: Das *war* ein Frosch in meinem Teich, direkt nach dem Platsch (den Sie vielleicht überhört haben, fürchte ich) einer verspielten und zu Nachtmusik aufgelegten Goldorfe. Meine Frösche sind sehr wohlerzogen und halten nicht die ganze Nachbarschaft mit unablässigen Quakkonzerten wach, wie das manch andere tun; dieser Angewohnheit verdanken sie übrigens den örtlichen Spitznamen »Bauernnachtigallen«. Welch phantasievolle Bezeichnung, voller Humor und Poesie!

Inzwischen ist es nahezu unmöglich, daß Sie *die* Stimme der Nacht überhören: Eine Eule schreit, und eine andere antwortet. Ich konnte noch nie begreifen, warum Filmemacher immer Eulen benutzen, um ihre Gruselgeschichten zu bereichern. Wenn Vampire und Werwölfe zu ihren blutigen Taten schreiten, werden sie unweigerlich vom Schrei mindestens einer Eule begleitet. Das ist ungerecht. Ich bin mir sicher, daß Eulen ganz und gar nicht entzückt sind über diese Phantasiewesen; sie selbst sind auf jeden Fall eindeutig nicht so blutrünstig.

Bitte entschuldigen Sie, daß ich Sie abgelenkt habe, denn gerade haben Sie ein sehr seltenes und besonderes Geräusch verpaßt. Ich fürchte, Ihre Ohren müssen erst noch lernen, es wahrzunehmen: Das leise und sanfte *Plumps-plumps-plumps* einer Waldmaus, die den Rasen überquert. Lassen Sie mich nur soviel sagen: Wenn sie größere Strecken zurücklegen (und mein Rasen ist aus der Sicht einer Waldmaus in der Tat eine sehr große Strecke), benutzen Waldmäuse eine einzigartige Fortbewegungstechnik. Sie hüpfen wie ein Känguruh, mit langen, eleganten Sätzen auf ihren Hinterbeinen.

Es wird spät, Morpheus ruft. Doch ich hoffe, Sie verstehen langsam, was die alte Dame meinte, als sie sagte, daß es keine Stille gibt. Wir haben nur wenige Momente erfahren, doch glauben Sie mir, die nächtliche Stille hat sehr viele und verschiedene Stimmen, und wir können sie nirgendwo besser hören als in einer vertrauten Umgebung. Nach Sonnenuntergang bekommt selbst das gewöhnlichste Geräusch der Natur, der Wind in den Bäumen, einen Hauch von Zauber. Das Prasseln der Blütenblätter einer welkenden Rose, die auf die Terrasse fallen, wird einen flüchtigen Augenblick lang zum Elfenballett. Vielleicht hören Sie sogar das Knistern der Federn, wenn sich ein Amselweibchen, das auf seinen Eiern sitzt, im Schlaf bewegt. Oder ein trockenes Blatt tanzt in einem plötzlichen Luftzug eine raschelnde Pirouette. Wenn Sie sich ein paar Abende in Ihrem Garten gönnen, werden Sie schon bald vertraut sein mit der Musik der Natur, mit all ihren Andantes und Adagios. Und schließlich wird sich Ihnen ein neuer Wohlklang erschließen: die ganz persönliche Nachtmusik Ihres Gartens.

Bücher fürs Leben

Bis vor kurzem war mein Appetit auf die neuesten Bücher zum Thema Garten und Natur nicht zu stillen, und es hätte mich kaum überrascht, wenn meine grauen Zellen irgendwann grün geworden wären. Eine merkwürdige und unwiderstehliche Anziehungskraft führte mich immer wieder unweigerlich in die Gartenabteilungen der Buchläden, und sobald ich den neuesten Prachtband in Händen hielt, setzte mein Verstand aus. Während ich Seite für Seite mit aufwendigen Fotos durchblätterte, entschwand die Realität, und ich geriet in eine tiefe gärtnerische Trance. Aus ihr erwachte ich erst wieder auf der Straße, wenn mich die helle Nachmittagssonne zum Blinzeln brachte und das Gewicht der gedankenlos erworbenen Schätze in meine Finger schnitt. Doch dann war es zu spät. Mehrere Fragen stellten sich nun. Wo um Himmels willen sollte ich noch mehr Platz in meinen Bücherregalen finden? Könnte mir auch nur ein einziges dieser neuen Bücher aufzeigen, wie das gegenwärtige autonome Chaos in meinem Garten in ein diszipliniertes Paradies zu verwandeln sei? Mit anderen Worten, *brauchte* ich wirklich weitere Bücher? Die Antwort lautete gewöhnlich »nichts von alledem«, und ich schwor mir zum x-tenmal, beim nächsten Kaufrausch ein kleines bißchen wählerischer zu sein und mich in ein wenig mehr Selbstdisziplin zu üben.

Mittlerweile war nicht mehr zu übersehen, daß mein Bücherschrank von der zunehmenden Last in Mitleidenschaft gezogen wurde. Die Bretter bogen sich in beängstigender Weise und mußten mit weiteren Bücherstapeln gestützt werden. Als ich eines Tages vergeblich versuchte, eine Dreißig-Seiten-Broschüre der örtlichen Gärtnerei dazwischenzuquetschen, brach die gesamte ausgefeilte Konstruktion in sich zusammen. Das Ergebnis war höchst erschreckend: Achtundzwanzig Bücher hatten Schäden davongetragen, die Einbände waren gebrochen oder Seiten hatten sich gelöst – oder beides. Traurig, aber bezeichnend war, daß es sich dabei durchweg um neue Bücher handelte, während die alten Bände (von denen manche vor über 120 Jahren gedruckt worden waren) die Katastrophe unbeschadet überstanden hatten.

Auch wenn die Versuchung groß war, dieses Phänomen

der schützenden Hand irgendeiner Bibliotheksfee zuzuschreiben (Sie kennen mich ja wohl inzwischen gut genug, um zu wissen, daß ich ein großer Anhänger von Wundern und wohlmeinenden Geistern bin), so blieb als einzig mögliche Erklärung natürlich nur die bessere Handwerkskunst und der Gebrauch von leider nicht mehr erhältlichen Materialien bei den älteren Büchern. Angesichts dieses recht enervierenden Beweises buchbinderischer Haftungsmängel schwor ich hoch und heilig, daß mir, wenn ich es verhindern könnte, keine neuen Bücher mehr (oder wenigstens keine Billigausgaben) über die Schwelle kommen sollten.

Bis dato habe ich meinen Schwur gehalten und einen ausgesprochenen Hang zu antiquarischen Gartenbüchern entwickelt – je älter, desto besser. Ich mag ihre robusten Einbände aus Leinen oder Leder. Ich freue mich an ihrer ausgefeilten Prosa, die häufig mit Gedichtschnipseln durchsetzt ist. Ich genieße ihre Schriftarten, die oft den Gebrauch jener robusten altmodischen Satz- und Druckmaschinen verraten, die über Generationen hielten. Und ich liebe einfach die überraschenden Geschenke, die manche antiquarischen Bücher in sich bergen – kleine Souvenirs aus der Vergangenheit wie alte Zeitungsausschnitte, gepreßte Blumen oder Blätter, die vom Alter spröde geworden sind, oder sogar kleine Insekten, die irgendwie zwischen die Seiten gerieten und plattgedrückt wurden. Aber am meisten liebe ich die Zeugnisse der früheren Besitzer:

Namen und Zueignungen auf den Titelseiten und Randnotizen, je mehr, um so besser.

Lassen Sie mich Ihnen ein Beispiel nennen. Letztes Jahr fand ich zufällig ein Buch mit dem Titel »Das ideale Gartenbuch. Mit Illustrationen«. Schon der Titel barg ein Rätsel, das Wort »ideal« faszinierte mich. Ich war mir nicht ganz sicher: War es nun ein ideales Buch, oder könnte es vielleicht Wege zum idealen Garten aufzeigen? Ein kurzes Blättern zeigte, daß es sich keineswegs um einen Klassiker der Gartenliteratur handelte; es war mit einer eher vagen Vorstellung von einer Gliederung geschrieben und lektoriert worden. Die Einleitung ging nahtlos in den Haupttext über, so daß das ganze Buch unversehens zu einem überdimensionierten Vorwort wurde, und es war auch nur grob in Abschnitte unterteilt – als Kapitel waren sie kaum zu bezeichnen –, die in keiner Beziehung zueinander standen. Beispielsweise folgte auf »Der Steingarten«, der mitten auf Seite 45 begann, unten auf Seite 48 »Das Veilchen«. Die meisten Abschnitte endeten mit einer merkwürdig bombastischen Verlautbarung, so etwa am Ende des Abschnitts »Bäume und Sträucher«: »So wollen wir danach streben, unsere Wahrzeichen auf dem zu hinterlassen, was einst unser Besitz war, auf daß in künftigen Zeiten vom einzelnen wie von der Gemeinschaft mit Dankbarkeit unserer gedacht wird.«

Es gab auch noch weitere Geheimnisse. Die Herkunft des Buchs blieb völlig im dunklen. Es wies weder ein Veröffentlichungsdatum auf noch irgend einen Hinweis auf einen

Autor oder, trotz verschiedener schöner Abbildungen, einen Illustrator. Statt dessen enthielt es einen wahren Schatz nicht anonymer, handschriftlicher Informationen. »Für Hums von Willie, Weihnachten 1936« stand auf der Titelseite, und eine andere, ebenso altertümliche Schrift verkündete auf dem hinteren Vorsatzblatt: »30. Okt. 1951, vier neue Mc.-Gredy-Rosen, rechtes Kopfbeet«, gefolgt von: »Bramley. Kleiner Baum. Umgepflanzt '53. Sehr gut, 30 Äpfel!« Irgendwie stellte sich dadurch sofort eine Verbindung zwischen Hums und mir ein, falls es Hums war, der jene Rosen und den Apfelbaum gepflanzt hatte. Lucy Forrester aus Bangor, N.-Ireland, konnte es jedenfalls nicht gewesen sein, denn sie wurde erst 1956 Eigentümerin des Buchs, wie eine Inschrift auf der zweiten Seite vermerkte. Und auch nicht Karl Medlicott, der seinen Namen über drei Dekaden später unter die von Hums und Willie kritzelte: am 30. Mai 1988. Mein Name folgte bald: Ich setzte ihn mit Bleistift dazu, noch ehe ich das Buch bezahlt hatte.

Einer meiner kostbarsten Funde ist ein schmales Werk über Veilchen. Es verbreitet reine Nostalgie und bietet, im Gegensatz zu »Das ideale Gartenbuch«, alles, was man von einem richtigen Buch erwartet: einen Autor, einen Illustrator und das Datum seiner Veröffentlichung (Januar 1912). Außerdem enthält es, plattgedrückt zwischen den Seiten und auf diese Weise konserviert, zwölf Mücken und einen kleinen Ohrwurm. Sie beschwören ein reizendes Bild herauf: Eine der früheren Besitzerinnen (»Exlibris J. P. Jackson«

steht auf der Titelseite) schlendert, in durchscheinende Spitze gekleidet, an einem sonnendurchfluteten Mainachmittag durch ihren Garten. Dabei hält sie genau dieses Buch in der Hand – und ihren Schirm in der anderen – und vergleicht ihre eigenen geliebten Veilchen mit denen der wunderschönen farbigen Illustrationen. Sein kostbarster Inhalt ist jedoch das »Verzeichnis der Veilchen«, das ziemlich verblüffend ist. Es enthält die Namen und Beschreibungen von nicht weniger als 55 (fünfundfünfzig!) Veilchenarten. Da lese ich unter anderem: »*Boston*. Ähnelt Kaiser Wilhelm, derselbe Habitus wie Baronesse de Rothschild« und bin verwirrt. Das ist des Guten zuviel: Einen Moment lang habe ich die Vision des schnurrbärtigen deutschen Kaisers, der als Travestie einer Baronesse herumrennt. Doch ist Blanche de Chevreuse (weiß, in der Mitte rosig) nicht ein so wunderbarer Name, daß man auf der Stelle seinen letzten Pfennig ausgeben würde, bloß um eine Rabatte voll davon zu besitzen und seine Besucher in den Garten bitten und en passant zu ihnen sagen zu können: »Kommen Sie und schauen Sie sich meine Blanches de Chevreuses an, sie sind *à point*«?

Das Büchlein bietet auch Ratschläge, die häufig ebenso poetisch wie rätselhaft sind, beispielsweise: »Doch unabhängig davon, wie der Boden beschaffen ist – tonig, sandig oder lehmig –, wenn eifrig Gebrauch von Spaten und Hacke gemacht wird und die Erde sauber und süß bleibt, werden duftende Blüten und gesunde Pflanzen den Züchter für seine Mühe belohnen.« Diese Enthüllung hat mich äußerst entzückt. Ich mußte mich schwer zügeln, um nicht in den Garten zu rennen und jauchzend größere Mengen Zucker auf die Beete zu streuen, denn es heißt ja im Buch, die Erde solle süß sein – also werde sie süß!

Entschuldigen Sie bitte. Doch beim Thema alte Gartenbücher verliere ich jegliche Selbstbeherrschung und neige zu mangelnder Ernsthaftigkeit und Sentimentalität. Ich werde so leichtfertig, daß ich zu dem Schluß komme, es war vielleicht *doch* eine Fee, die mein Bücherregal zum Einsturz gebracht hat, um mir eine wichtige Lektion zu erteilen: Daß es höchste Zeit ist, einige Werte unserer Vorfahren wieder in unsere Gärten zu holen. Und in unsere Bücherregale…

Vergiß die Bäume nicht

FREUNDSCHAFT IST EIN schützender Baum.« Diesen anrührenden Satz schrieb der Dichter und Philosoph Samuel Taylor Coleridge vor 170 Jahren. Zu allen Zeiten haben die Dichter das Loblied auf die Bäume gesungen. Vielleicht ist es bezeichnend, daß die ersten beiden Vegetationsformen, die in unserer ältesten religiösen Literatur genannt werden, Bäume sind: der Baum des Lebens und der Baum der Erkenntnis im Buch Genesis. Bäume haben im Leben und in der Sprache Tausender von Generationen seither eine wesentliche Rolle gespielt. Uralte wie neue Kulturen haben Bäume verehrt und ihnen mystische Kräfte zugeschrieben. Bei zahllosen traurigen wie freudigen Gelegenheiten wurden Bäume als Friedenssymbol gepflanzt. Bäume haben das Holz für unsere Wiegen geliefert; und Bäume werden uns auch begleiten, wenn wir tot sind. Der Baum ist das größte Geschenk der Natur an die Menschheit, und deshalb bin ich davon überzeugt, daß das Band zwischen Bäumen und Menschen weit stärker ist, als uns je bewußt wird.

Auch in meinem Leben haben Bäume eine mehr oder weniger große Rolle gespielt, und einen Baum zu pflanzen, war eine meiner ersten offiziellen Handlungen. Ich erinnere mich noch gut an den Anlaß, denn es war damals vor weit über vierzig Jahren, als meine Heimat, die Niederlande, von einer Flut heimgesucht wurde, die Tausenden von Menschen das Leben kostete. Ich war erst elf Jahre alt und konnte das ganze Ausmaß der Katastrophe nicht begreifen, zumal meine Familie nicht direkt betroffen war. Im Gegenteil, die ganze Angelegenheit ärgerte mich eher, denn die Erwachsenen befahlen mir ständig, den Mund zu halten, sobald sie sich um unser Bakelitradio versammelten (wir hatten damals noch keinen Fernseher), um den neusten Stand der Dinge zu erfahren. Selbst die zahllosen drastischen Fotos in Zeitungen und Zeitschriften lösten keine Emotionen bei mir aus – mit einer Ausnahme: eine durchnäßte, einsame schwarzweiße Katze, die um ihr Leben kämpfte und sich verzweifelt in einem Baumwipfel festkrallte, der kaum über die reißenden Wassermassen hinausragte. Diesem Tier flog mein Herz zu, und während ich über den Verlust von Menschenleben keine Tränen vergießen konnte, erreichte ich die angemessene Gemütsverfassung, indem ich mich in eine heftige Trauer über das Schicksal dieser dem Untergang geweihten Kreatur steigerte. Ich war davon überzeugt, daß etwas für sie getan werden mußte, doch leider fiel mir nichts ein. Also beschloß ich, die Welt der Erwachsenen nachzuahmen und eine symbolische Handlung zu begehen: Ich wollte einen Baum als Denkmal für die Unbekannte Katze pflanzen.

Ohne meine Gründe zu nennen, bat ich um die Erlaubnis – und bekam sie auch –, einen Baum in der Nähe des Gartentors zu pflanzen. Ich fand ihn auf dem vernachlässigten Grund bei der alten Dorfkirche. Er war keinen Meter hoch, und da er kein Laub hatte, wußte ich nicht, um welche Art von Baum es sich handelte. Ich hatte auch keinerlei Ahnung, wie er zu behandeln sei, und machte deshalb alles falsch. Ich zog ihn einfach heraus, schüttelte die Erde von seinen zerrissenen und beschädigten Wurzeln und pflanzte ihn in das Loch, das ich vorab ausgehoben hatte. Nach allem, was man weiß, hätte er innerhalb der nächsten Monate, wenn nicht gar Wochen, verdorren und sterben müssen. Doch er tat es nicht. Im Lauf der Zeit bekam er sogar einige Blätter und entpuppte sich als Birke. Allerdings wuchs er kaum. Mehr noch, in jenem ersten Jahr wuchs ich, wie ich beim sorgfältigen Nachmessen herausfand, schneller als er – was mir Anlaß zu einiger Besorgnis gab. Ich wußte, daß Bäume größer als Menschen werden, wenn ich jetzt also schneller als ein Baum wuchs, müßte ich, folgerte ich, zum Riesen werden. Das bedeutete Probleme: Schon bald würde ich zu groß für mein Zimmer sein, und ein spezielles Gebäude müßte für mich errichtet werden. Aber diese kleinere Unannehmlichkeit würde bei weitem durch die Kraft und Stärke, die meine gigantischen Ausmaße zweifellos mit sich bringen würden, ausgeglichen werden; vom Neid meiner Klassenkameraden ganz zu schweigen.

Doch im nächsten Jahr zeigte sich, daß meine Ängste unbegründet waren: Innerhalb einer einzigen Wachstumsperiode legte der Baum etwa fünfundzwanzig Zentimeter zu, und zwei Jahre später mußte ich zu ihm aufblicken. Als wir wegzogen, war er über zwei Meter hoch, und sein silbriger Stamm wies eine merkwürdige Drehung auf. Ich verabschiedete mich ohne größeres Bedauern von ihm. Ich war jetzt in einem Alter, in dem andere Dinge wichtiger wurden. Schließlich war es ja nur ein Baum, und es machte mir letztlich nichts aus, wenn ich ihn nie wiedersehen würde. Oder etwa doch?

In Wahrheit konnte ich diesen besonderen Baum nie völlig vergessen. Von Zeit zu Zeit sollte mir sein Geist erscheinen, allerdings immer nur für einen kurzen Moment. Ich dachte daran, was aus ihm geworden sein könnte. Höchstwahrscheinlich war er gefällt worden. Nach diesen Überlegungen war der Geist beleidigt und verschwand jedesmal wieder rasch und schmollend.

Im vorletzten Sommer kam ich während einer Fahrt über Land plötzlich in die Nähe meines früheren Wohnorts. All die Jahre war ich nie wieder dort gewesen, und unwillkürlich tauchte der Baum mit seiner stolzen Größe von zwei Metern, der Drehung im Stamm und all seinen anderen Attributen wieder vor meinem geistigen Auge auf. Er zog mich sozusagen am Ärmel, bat mich, vorbeizukommen, und sei es nur um der alten Zeiten willen. Zugleich befürchtete ich das Schlimmste; in vierzig Jahren war diese einst dörfliche Gegend immer mehr verstädtert und hatte sich bis zur Unkenntlichkeit verändert. Es war unwahrscheinlich, daß der Baum oder auch nur unser altes Haus die Verwüstungen unserer sich ständig ausbreitenden Zivilisation überlebt hatte. Doch als ich den vertrauten alten Kirchturm oberhalb der fremden neuen Bauwerke entdeckte, konnte ich der Macht meiner Gefühle nicht mehr widerstehen.

Das Haus stand noch, und meinen Baum erkannte ich auch sofort an seiner witzigen Drehung. Aber das war nicht mehr meine Zwei-Meter-Birke. Er war zu einem atemberaubenden Riesen geworden, der sich majestätisch über dem niedrigen Haus erhob und weit über das Tor hinausragte. Ich parkte mein Auto weiter unten in der Straße, stieg aus und schlenderte langsam zu dem alten Tor. Das war ein Traum; nein, es war ein schieres Wunder. Alles war noch da: Das Haus, das jetzt soviel kleiner war, das quietschende, schmiedeeiserne Gartentor und *mein* Baum! Ich sah zu seiner Spitze hinauf, einer Myriade hellgrüner Blätter, die sich im goldenen Licht des Nachmittags bewegten. Vögel saßen darin, und ganz oben entdeckte ich ein verlassenes Nest, das wahrscheinlich eine Elsternfamilie beherbergt hatte. Dann blickte ich auf den Bürgersteig unter dem Baum: Ein dicker Teppich feiner brauner Samen bedeckte ihn, die mit jedem Windhauch in dichten Wolken aus seinen Zweigen wehten.

Das brachte mich auf eine Idee. Ich bückte mich, sammelte eine Handvoll Samen und steckte sie in die Tasche. Die würde ich mit nach Hause nehmen. Ich wollte ein Stückchen Erde in meinem Zwergengarten freilegen und die Samen dort ausstreuen. Wenn sie aufgingen, würde ich das gesündeste Exemplar auswählen und ihm die bestmögliche Pflege angedeihen lassen.

Nun habe ich achtundzwanzig Keimlinge in meinem Garten, kleine Baby-Weißbirken, und ich habe den kräftigsten zum Weiterwachsen bestimmt. Er ist kaum dreißig Zentimeter groß, doch seine beiden winzigen Zweige recken sich bereits eifrig gen Himmel. Ich hoffe, daß ich den Tag erleben werde, an dem er mich um Längen überragt. An dem ich in seinem Schatten sitzen kann. Und an dem er mir seine schützende Freundschaft anbieten wird.

Mehr Bäume

Ein Gedicht, schön wie ein Baum,
Das findet sich auf Erden kaum …
Verse fallen uns Narren ein,
Einen Baum erschaffen kann Gott allein.

WAS IMMER DEN amerikanischen Autor Joyce Kilmer zu seinem 1913 geschriebenen und häufig zitierten Gedicht »Bäume« inspiriert haben mag, ganz sicher spiegelt es seine Hochachtung vor dem Beherrscher des Pflanzenreichs wider. Würden alle Menschen seine Ansicht teilen, sähe unsere Erde anders aus. Doch unsere Bedürfnisse und unsere Gier haben die Oberhand gewonnen, und überall auf der Welt nehmen die Wälder rapide ab. Was Millionen und Abermillionen Jahre Evolution benötigte, wird innerhalb weniger Generationen ausgelöscht werden, wenn wir nicht aufpassen.

Ich weiß, allmählich wird uns die Problematik bewußt, und ich mag wie ein Papagei klingen, der bloß wiederholt, was wir ohnehin die ganze Zeit hören. Zeitungen und Zeitschriften halten uns den traurigen Zustand unserer Wälder nahezu täglich vor Augen. Auch das Fernsehen serviert ihn uns sozusagen auf unserem Frühstückstisch. Allwissende Gelehrte sprudeln ihre Warnungen mit der monotonen Regelmäßigkeit eines Geysirs heraus. Und wir können, wenn wir »Glück« haben, die Zerstörung auch mit eigenen Augen sehen, weil sie ständig in unserer unmittelbaren Umgebung stattfindet.

Wir alle, Sie und ich, sind Teil der globalen Verschwörung gegen unsere belaubten Verbündeten. Ich bin es zweifellos in mehrfacher Hinsicht. Das üppige Holzfeuer, das gerade in meinem Kamin brennt, dient, auch wenn es beruhigend wirkt, einzig dekorativen Zwecken. Oder wenn Sie den Tisch sehen könnten, auf dem ich in diesem Moment schreibe: Seine massive, breite Platte ist aus einem einzigen Holzstück gefertigt; der Baum, von dem es stammt, muß mindestens zweihundert Jahre alt gewesen sein. Der Tisch selbst ist etwa hundertfünfzig Jahre alt, doch wenn der Baum nicht für dieses Möbelstück und eine bunte Verwandtschaft in Form von Schränken, Truhen und vielleicht sogar ein oder zwei Kanzeln gefällt worden wäre, könnte er vielleicht immer noch wachsen und gedeihen. Er könnte Vögeln und anderen Tieren eine Heimstatt bieten, Liebespaaren unter seiner Krone Schutz und Schatten gewähren. Statt dessen muß er meinen Computer tragen; eine profanere Aufgabe ist kaum vorstellbar.

Doch trotz dieser Bekenntnisse: Ein ganz so böser Bube bin ich nicht. Im Gegenteil, wenn es um Bäume geht, bin ich wahrscheinlich viel zu tolerant, denn nachdem ich rund hundertfünfzig ungebetene kleine Eichen herausgerissen hatte, stellte ich fest, daß in meinem winzigen Garten *immer* noch die erstaunliche Zahl von fünfundachtzig Bäumen existiert. Allerdings muß ich hinzufügen, daß mir die überwiegende Mehrheit von ihnen kaum bis zur Schulter reicht. Der kleinste, jene Weißbirke mit der außergewöhnlichen Herkunft, ist nur dreißig Zentimeter hoch, aber nichtsdestotrotz ein Baum.

Für Bäume übertrete ich gelegentlich sogar Gesetze: Ich schmuggele sie ins Land – eine Handlung, die die maßgeblichen landwirtschaftlichen Stellen ganz sicher mißbilligen. Meine Eberesche ist beispielsweise solch ein illegaler Einwanderer; wundersamerweise überlebte sie drei Tage in einem Koffer und Tausende von Kilometern Flug.

Die Geschichte begann in Sitka-by-the-Sea, Alaska, wo ich einmal einen ganzen Sommer verbrachte. Ich kannte Ebereschen, doch ich hatte mich nie groß für sie interessiert; im nachhinein erscheint es mir unverständlich, wieso ich ihren Zauber nicht schon früher bemerkt habe. Doch sobald ich die ersten Ebereschen in Alaska sah, verliebte ich mich hoffnungslos in sie. Es war, als würden sie geradezu schreien, um meine Aufmerksamkeit zu erlangen. Sie setzten alles daran, um mich mit ihren dunklen, kräftigen Stämmen, die mit Flechten von verblüffendem Türkis bewachsen waren, zu beeindrucken. Sie brachten mir ein Ständchen mit ihren Kronen voller schneeiger Blütenkugeln, deren starken Geruch der Wind weit ins Land trug. Und im Lauf des Sommers verzauberten sie mich mit ihren dichten Beerenbüscheln, die sich allmählich von Grün über Hellorange mit allen dazwischenliegenden Nuancen bis hin zu fast Scharlachrot verfärbten.

Als Ende September meine Abreise nahte, war ich zu dem Schluß gekommen, daß ein Leben ohne eine Eberesche nicht lebenswert sei. Ich mußte einfach eine haben, auch wenn ich dafür zu unerlaubten Methoden greifen mußte. Also schlich ich mich am Morgen vor meiner Abreise bei Tagesanbruch an den Dorfrand und grub ein wunderschönes Bäumchen von knapp vierzig Zentimeter Höhe aus. In meinem Hotelzimmer wickelte ich es in Plastiktüten und Handtücher (die ich später mit einer Entschuldigung an das Hotel zurückschickte) und versteckte es raffiniert in einem meiner Koffer. Es beanspruchte soviel Platz, daß ich ein Paar Stiefel und mehrere kaum getragene Kleidungsstücke zurücklassen mußte. Ich werde den verblüfften Ausdruck der Dame von der Heilsarmee, als ich die Teile auf ihrem Tisch ablud, nie vergessen; ganz offensichtlich war sie solche großartigen Gaben nicht gewohnt.

Als ich schließlich zu Hause ankam (ja, ich schaffte es tatsächlich, die zuständigen Stellen hinters Licht zu führen, sie warfen nicht einmal einen kurzen Blick in meine Koffer), fiel ich beinahe um vor Müdigkeit. Doch trotzdem pflanzte ich als erstes meinen Neuzugang in einen italienischen Terracotta-Kübel. Damals besaß ich noch keinen Garten, sondern nur einen Balkon im fünften Stock, wo alles, was grün war und wuchs, sich mit einer seltsamen Mischung aus Töpfen, Kübeln und Kanistern begnügen mußte. Als ich mein Werk vollendet hatte und zurücktrat, um es zu bewundern, mußte ich zugeben, daß mein armer Schößling zerzaust und etwas lächerlich aussah. Es dämmerte mir, daß ich in meiner Unwissenheit vielleicht doch ein bißchen zu enthusiastisch und voreilig gewesen war, denn es war nicht zu übersehen, daß aus diesem bedauernswerten kleinen Baum nie eine Säule, die den Himmel trägt, werden konnte. Viel eher würde er verkümmern, welken und schließlich eingehen.

Doch er tat nichts dergleichen, und im nächsten Frühjahr wuchs er um mindestens dreißig Zentimeter. Am Ende jenes Sommers zog ich aufs Land, und meine kleine Eberesche begleitete mich. Sie war sogar das allererste, was ich in meinem Garten pflanzte, und in der Folge verlor sie prompt alle Blätter, lange bevor die anderen Bäume ihr Laub abwarfen. Doch die kahlen Zweige blieben elastisch –

ein eindeutiges Zeichen dafür, daß sie nicht aufgegeben hatte und noch Saft enthielt. Als die Tage wieder länger wurden und die ersten Strahlen der Frühlingssonne die schlafende Natur weckten, beteiligte sich der kleine Baum fröhlich am jahreszeitlichen Fest und schmückte sich mit neun gefiederten Blättern.

Jetzt, fünf Jahre später, hat er eine Höhe von fast zweieinhalb Metern erreicht, und letztes Jahr war er besonders brav und brachte drei kleine Blütenbüschel hervor. Daraus entwickelten sich bald Beeren, die allmählich reif wurden und sich von Hell- nach Dunkelorange verfärbten. Doch ehe sie die Chance hatten, rot zu werden, hatten die Amseln sie entdeckt. Sie stürzten sich mit Freudenschreien darauf, und drei Tage später war keine einzige Beere mehr übrig.

Inzwischen war deutlich geworden, daß ich die Eberesche zu dicht an den einzigen »großen« Baum in meinem Garten, eine aggressive, siebeneinhalb Meter hohe Eiche mit einem Stamm von gut dreißig Zentimeter Durchmesser, gepflanzt hatte. Die Eiche stand in vollem Saft und zeigte keinerlei Neigung, ihr Wachstum zugunsten ihrer kümmerlichen Nachbarin einzuschränken. Ihr mußte eine Lektion erteilt werden. Oder, besser noch, sie mußte verschwinden.

Und sie verschwand. Sie befindet sich jetzt neben dem Haus – ordentlich in Scheite zersägt, die zu gegebener Zeit den Flammen in meinem Kamin übergeben werden. Was letztlich beweist, daß ich nicht besser als der Rest der

Menschheit bin. Wir alle folgen mit konstantem Tempo dem Pfad der Zerstörung und zernagen fröhlich unsere ältesten und wertvollsten pflanzlichen Wesen. In der Tat sind wir nichts anderes als menschliche Termiten. Wie lange wird es noch dauern, bis ein Kammerjäger beschließt, auch uns zu zerstören?

Der König ist tot!

Es bestand kein Zweifel daran, daß er gehen mußte. Er war zu schwach und klapprig geworden. Und auch zu gefährlich. Nachdem er zehnmal vierzig Jahre regiert hatte, war seine Stunde gekommen.

Nein, ich meine kein unbekanntes Königreich, das von einem altersschwachen Monarchen regiert wird. Ich spreche vom ältesten Bewohner der nächstgelegenen Stadt. Doch auf seine Weise war er sicher ein König, wenn man die enorme Spanne von fast dreißig Metern zwischen den Spitzen seiner ausladenden Äste bedenkt. Ja, in der Tat ein Baum, ein weiterer Baum. Eine Linde, um genauer zu sein. *Tilia vulgaris* lautet ihr offizieller Name, auch wenn es gut möglich ist, daß sie in ihrer Jugend einen anderen oder gar keinen hatte.

Ihr genaues Alter bleibt ein Geheimnis. Viele Generationen lang hielt man sie für mindestens achthundert, wenn nicht gar tausend Jahre alt, doch kürzlich hat ein Wissenschaftler erklärt, etwas um die vierhundert wäre richtiger. Sicher ist aber, daß ihre älteste Erwähnung auf das Jahr 1662 zurückgeht. Da hat sie der französische Weltreisende Count de Moncony in seinem Tagebuch beschrieben. Bereits damals war er von ihren Ausmaßen beeindruckt: Er benötigte über sechzig Schritte, um den Umfang ihrer majestätischen Krone abzuschreiten, und nicht weniger als siebenundzwanzig Streben stützten ihre breiten Äste. Diese Beschreibung ist besonders interessant, denn sie bezeugt nicht nur, daß der Baum schon vor über dreihundert Jahren ein beachtliches Alter erreicht hatte, sondern sie zeigt uns auch, daß ihm von Anfang an ein gewisses Maß an Aufmerksamkeit und sachkundiger Pflege zuteil wurde.

Von jenem Jahr an hinterließ die Linde beständig Spuren in den schriftlichen Aufzeichnungen, die ihre Bedeutung im Alltagsleben der Bürger veranschaulichen. Unter ihren Zweigen ließ die Stadt offizielle Mitteilungen verlautbaren, und sie wurde zum Anschlagsort für Aufgebote bestimmt. Auch weniger romantische Momente erfuhr sie, denn in ihrem grünen Schatten wurde Recht gesprochen und wurden Urteile vollstreckt, darunter auch eine Enthauptung.

Als ihr Stamm die jugendliche Glätte verlor und seltsame und knorrige Krümmungen ausbildete, bot das Anlaß für Märchen und Sagen. Einer dieser Mythen, eine Marienlegende, hat bis heute überlebt. Hier ist die Geschichte: Einst lebte ein gewisser Antonius, der vom Pfad der Tugend abgekommen war und eines Tages vollends verschwand. Man nahm an, daß er sein Leben bei einem seiner Raubzüge verloren hatte. Doch seine fromme Mutter wollte das nicht glauben. Sie gab nie die Hoffnung auf, ihn wiederzusehen, und als Zeichen ihres Glaubens stellte sie eine Marienfigur in den alten Baum. Jene blieb viele Jahre dort und verfiel allmählich, bis sie eines Tages verschwunden war. Doch siehe da, eines Nachts erschien plötzlich eine neue Figur zwischen den zahllosen Ausbuchtungen und Knoten des Stamms. Wenn das kein Wunder war! Sie schien voller Freude zu lächeln und zu leuchten. Und just an diesem Tag kehrte der verlorene Sohn reumütig zurück.

Damit endet die schlichte Legende. Vielleicht war es bloß eine Legende, doch bis in jüngste Zeit konnte man deutlich die Silhouette einer Mutter mit Kind auf dem Stamm erkennen. An schönen Wintertagen, wenn die niedrigstehende, blasse Sonne ungehindert durch die kahlen Äste dringen und phantasievolle Schatten auf die gewundene Borke werfen konnte, wurden diese Figuren auf wundersame Weise betont, fast so, als ob menschliche Hände sie geschnitzt hätten. Doch als der Baum dann in den sechziger Jahren unseres Jahrhunderts Anzeichen von Verfall aufwies (dessen Umstände ich noch erläutern werde), wurden drastische Eingriffe nötig, und das Bildnis wurde vollständig eingeebnet.

Schon lange vor diesem traurigen Ereignis investierten Regierungen und Stadtverwaltungen Zeit und Geld in die Linde. Mitte des 19. Jahrhunderts wurde sie zu einem riesigen chinesischen Baldachin zurechtgestutzt. Wie ein gigantischer Regenschirm gewährte er Schutz vor Wind und Wetter. Bei plötzlichen Sommergewittern bot er zahllosen Passanten Unterschlupf, ehe die Regentropfen schließlich das dichte Laub durchdringen konnten, doch bis dahin hatte das Gewitter meist schon wieder der Sonne Platz gemacht.

Die Linde war Treffpunkt für jung und alt. Man saß auf den Holzbänken und tauschte Klatsch aus oder diskutierte die neuesten politischen Ereignisse. An den Frühlingsabenden betörte der schwere Duft ihrer Millionen von Blüten die Liebenden und verführte sie, sich wechselseitig das Jawort zuzuflüstern.

Dann kam das 20. Jahrhundert mit seiner einzigartigen Schnellebigkeit. Auch wenn sich die Älteren immer noch zu einem Schwätzchen zusammenfanden und die Jungen weiterhin Zärtlichkeiten austauschten, taten sie das kaum mehr unter der Linde, wo der rasch anwachsende Verkehr die menschlichen Stimmen übertönte. Einige der Bänke standen zwar weiterhin, und es saßen auch noch Leute darauf, aber nie für lange; der Fluß des Lebens war zu reißend geworden, für Muße blieb keine Zeit mehr.

Auch der Verkehr forderte seinen Tribut von der Linde. Beton ersetzte die fruchtbare Erde und schnitt ihr die Lebensadern ab; allmählich erstickte sie. Der Verfall begann, und ein Ast nach dem anderen verkümmerte.

Aber die Stadt gab noch nicht auf. Baumexperten wurden hinzugezogen, und mehrere Jahre lang hatte die Linde eigene Gärtner, die sorgfältig alle morschen Stellen entfernten und alles daran setzten, neues Wachstum zu stimulieren. Doch was immer sie auch versuchten, ihre Bemühungen blieben vergeblich. Der Verfall schritt immer mehr voran, und der mächtige Stamm wurde hohl. Die wenigen großen Äste, die noch existierten, hatten kaum noch Halt. Eines Tages brach ein Ast herunter und erschlug beinahe ein Kleinkind. Damit war ihr Schicksal besiegelt: Die Linde mußte weichen!

Und so geschah es. Doch Jahrhunderte unablässiger menschlicher Fürsorge hatten den Baum anscheinend mit einem Sinn für Dramatik ausgestattet. Er schien sein Ableben geahnt zu haben und ging nicht ohne eine Abschiedsvorstellung, ein achtzehnkarätiges Wunder, das der Stadt die Sprache verschlug.

Tag und Stunde der Baumfällung waren in der Lokalpresse bekanntgegeben worden, und um zehn Uhr vormittags hatte sich eine große, schweigende Menge versammelt, um Zeuge des Ereignisses zu werden, das später als schmerzensreicher Abschied bezeichnet wurde. Eine Strategie war ausgearbeitet und ein Sechzig-Tonnen-Kran geordert worden. Zuerst sollten die schweren Äste entfernt, dann der Stamm abgesägt und auf einen Lastwagen gehievt werden.

Alles verlief planmäßig. Während der Prozedur wurde der »älteste Bürger« mit einem Requiem geehrt: Die Kirchenglocken läuteten, und nachdem das Lärmen der Sägen verstummt war, sang der örtliche Chor ein Abschiedslied. Die Menge verharrte in Schweigen. Von Zeit zu Zeit holten einige der Älteren ein Taschentuch hervor und wischten sich eine Träne weg. Schließlich trat der Kran in Aktion, und langsam, ganz langsam hob sich der Stamm in die Luft.

Und dann geschah das Wunder: Als der hohle Stamm vom Boden abhob, schossen zwei dünne Äste heraus. Sie breiteten sich aus wie ein Blumenstrauß, von dem man das einengende Papier entfernt. Und sie hatten Blätter, wenn auch wohl nicht mehr als hundert. Vor den Augen der verblüfften Menge stand ein zitterndes Bäumchen. Es wirkte äußerst schüchtern und verletzlich, doch es war ohne Zweifel ein Baum, und noch dazu ein gesunder. Er war unbeobachtet vom Rest der Welt in der hohlen Gebärmutter des verfallenden Baums gewachsen. Vielleicht war es ein Sproß aus der alten Wurzel, der sich zu einer eigenständigen Pflanze entwickelt hatte. Vielleicht war es ein Sämling, der gekeimt hatte und sich seit Jahren von dem verrottenden Holz seiner dahinsiechenden Mutter ernährt hatte. Egal, worum es sich handelte, an der Bedeutsamkeit dieses höchst erstaunlichen Moments änderte das nicht das geringste: Auf seinem

Totenbett hatte der alte Monarch seinen Nachfolger bestimmt, wie es einem Herrscher geziemt.

Der König ist tot, es lebe der König!

Es ist schwer, die Emotionen der Hunderten zu ermessen, die Augenzeugen dieses Wunders wurden. Doch ihre Reaktion war einhellig. Nach einigen Augenblicken verblüfften Schweigens erhob sich ein erstauntes Murmeln unter den verwunderten Zuschauern. Die Verwirrung war ihren Gesichtern abzulesen: Konnte das wahr sein, oder war es vielleicht ein Traum? Doch bald begann das Publikum, Beifall zu spenden und zu rufen: »Stehenlassen! Stehenlassen! Stehenlassen!«

An dieser Stelle wäre es eine dankbare Aufgabe, schreiben zu können, der alte Baum habe gesiegt und der junge Schößling hätte bleiben und sich zu einem neuen Riesen entwickeln dürfen, der Zeuge unserer Zukunft im nächsten Jahrtausend werden könnte. Doch konnte er bleiben?

O ja. Zwei Tage. Dann wurde das Bäumchen als an seinem eingeengten Standort nicht lebensfähig eingestuft – ein Urteil, das eher von den bereits geplanten Parkflächen als von den Tatsachen bestimmt wurde, fürchte ich. Aber die Stadtverwaltung setzte alles daran, ihre Bereitschaft zu demonstrieren, es zu retten. Es wurde vorsichtig ausgegraben und, begleitet von einer Wagenkolonne, in eine Baumschule gebracht. Doch dort, ohne seine heimatliche Erde, konnte es sein Trauma nicht überwinden und verlor alle Lebenskraft. Es überlebte nicht.

Wählerische Esser

Wieder einmal hat der Winter mit seinem trostlosen, trüben Licht und seinen langen Schatten Einzug gehalten. Der erste Frost hat nadelfeine Kristallpfeile auf der dunklen Oberfläche des stillen Teichs hinterlassen, und viele Tiere rücken dichter ans Haus. Ich möchte sie nicht enttäuschen, und deshalb habe ich jetzt, während der dunklen Jahreszeit, viele zusätzliche Schnäbel zu füttern. Von Tagesanbruch bis zur Dämmerung ist der Garten erfüllt mit dem Flattern und Zwitschern zahlloser gefiederter Esser. Unglücklicherweise werden meine Anstrengungen, eine ausgewogene Kost für die Vielzahl kleiner Mägen zusammenzustellen, nicht immer goutiert. Ich staune immer wieder über die Vielschichtigkeit wie Unterschiedlichkeit ihrer Vorlieben, und das breitgefächerte

Angebot an Vogelfutter in unserem Supermarkt macht es mir keineswegs leichter.

Bis heute ist es mir noch nicht gelungen, jene ideale Fertigmischung ausfindig zu machen, die all meinen gefiederten Freunden genehm ist. Zum Beispiel mußte ich feststellen, daß eine bestimmte Sorte, die als »Körner für kleine Singvogelarten« angeboten wird, allen außer Singvögeln willkommen ist. Die Singvögel pickten gelegentlich darin herum, stießen einige mißbilligende Piepser aus (die wahrscheinlich »Igitt!« besagen sollten) und flogen weiter zum nächsten Gang ihres Menüs. Dann tauchte die gierige Elster auf, die bestimmte Anteile der Mischung liebte; nach ihnen suchte sie eifrigst und fegte dabei die übrigen Körner auf den Boden. Diese Reste lockten wiederum weniger willkommene Essensgäste an: Mäuse! Sie suchten sich ihre Lieblingskörner heraus und verschleppten sie in ihren Bau zwischen den Mauern meines Hauses, wo sie sich als regelrechte kleine Partylöwen gerierten und vorzugsweise nach Mitternacht meine Nerven strapazierten. Doch Vögel wie Nager lehnten den überwiegenden Teil dieser Körner komplett ab, wie ich zu Beginn des Frühlings merkte, als in unmittelbarer Nähe des Futterplatzes ein Dschungel merkwürdiger Gräser und seltsamer Kräuter auftauchte.

Das Spiel wiederholte sich mit der Mischung für Tauben. Ich liebe wilde Ringel- und Turteltauben, deren sanftes, melancholisches Gurren unter die ersten zehn beruhigendsten Geräusche gehört, die Mutter Natur zu bieten hat. Ich hatte gehofft, die Tauben mit speziell ausgewählten Leckerbissen anlocken zu können. Überflüssig zu sagen, daß meine Anstrengungen vergeblich waren. Die Tauben fraßen weiterhin in rauhen Mengen das altbackene Brot, das ich »zum allgemeinen Gebrauch« ausgelegt hatte, anschließend flogen sie weg und gaben ihre hübschen Gurrkonzerte anderswo in der Nachbarschaft. Die Taubenmischung gefiel vor allem den Eichhörnchen, die ihrerseits eine ausgewählte Eichhörnchenmelange verschmähten. In letzterer entdeckten jedoch die Amseln einige interessante Zutaten; sie standen zentimetertief darin und pickten seltsam geformte braune Häppchen heraus, die wie Trockenfutter für Katzen aussahen.

Ich versuchte es mit anderen und teureren Fertigmischungen, aber das Szenarium änderte sich kaum. Im Gegenteil, zu meinem Ärger mußte ich feststellen, daß Preis und Qualität meist in umgekehrtem Verhältnis zueinander standen. Jedes Frühjahr machte eine unheimliche Menge von Keimlingen unweigerlich deutlich, daß jene Zusammenstellungen eine bunte Mischung nutzloser Bestandteile enthielten (obwohl ich in einem Jahr zwischen den Terrassenplatten eine nette kleine Ernte winziger, würziger Karotten eingefahren habe).

Natürlich gibt es Ausnahmen. Altmodische Talgkugeln ziehen immer wieder Unmengen streitender Meisen an, aber das Tempo, mit dem sie weggefressen werden, ist außerordentlich, und ehe eine Kälteperiode nur halb vorbei ist, sind sie in den Läden gewöhnlich ausverkauft. Sie sind auch nicht gerade billig, und ich habe festgestellt, daß sie häufig einen merkwürdig ranzigen Geruch ausströmen, sobald man sie ins Haus bringt.

Meine Schlußfolgerung ist, daß es manche Hersteller von Vogelfutter eher auf unsere Geldbeutel als auf das Wohl der Vögel abgesehen haben. Mehr noch, ich habe den heimlichen Verdacht, daß sie einen Pakt mit den Produzenten von Futterhäuschen geschlossen haben, die den Markt mit allerlei seltsamen Konstruktionen überschwemmen, wozu auch Landhäuser im Miniformat mit niedrigen, reetgedeckten Dächern und manchmal sogar Schornsteinen gehören. Ich habe mich auch einmal von diesen hübschen, aber idiotischen Vorrichtungen verleiten lassen. Doch nachdem ich einen Winter lang meine gefiederten Freunde beobachtet habe, bin ich der Meinung, Futterhäuschen sollten verboten werden. Vögel sind schließlich Wesen, die in der Luft leben. Sie verabscheuen es, sich in einen geschlossenen Raum begeben zu müssen, um an ihr Futter zu gelangen, und Futterhäuschen sind, auch wenn die Seiten offen sein mögen, für Vögel ziemlich geschlossen. Ein Dach dicht über ihren Köpfen versperrt ihnen die Sicht auf ihre unmittelbare Umgebung, wo immer auch der Feind lauern kann. (Wir sollten nicht vergessen, daß viele wildlebende Tiere beim Fressen besonders angreifbar sind.)

Bestimmte Futterkonstruktionen sollten gleichfalls unter das Gesetz gegen Vogelquälerei fallen, und falls ein solcher Paragraph noch nicht existiert, sollte er schleunigst erlassen werden. Ich meine damit jene Futterbehälter aus durchsichtigem Kunststoff, bei denen man so bequem sehen kann, wieviel sie noch enthalten. Die Vögel sehen das natürlich auch. Doch unglücklicherweise erkennen sie den durchsichtigen Kunststoff nicht, und ich bin sicher, daß sie ein gerüttelt Maß an Frustration und ein ziemliches »Schnabeltrauma« erleiden, ehe sie schließlich herausfinden, wo genau sich bei dieser unsichtbaren Barriere die Ausgabestelle für ihr Frühstück, Mittagessen oder Abendbrot befindet.

Ich könnte noch seitenlang damit fortfahren, denn leider gibt es viele solcher Beispiele. Langen Rede, kurzer Sinn: Das Geschäft rund ums Vögelfüttern ist viel eher darauf ausgerichtet, dem menschlichen Auge zu gefallen, als darauf, funktionale, vogelgerechte Produkte zu entwickeln.

Also habe ich eines Tages beschlossen, mich von den Angeboten der Zoohandlungen unabhängig zu machen. Das war nicht schwer. Zuerst habe ich meine eigenen, geräumigen Futterplätze gebaut (zwei: einen offenen und einen mit einem einfachen, hohen Dach). Dann habe ich, nur mit gewöhnlichen Zutaten aus dem Supermarkt, meine eigenen Winterfutterrezepte entwickelt (im Sommer füttere ich meine Vögel *nie*!). Dabei standen meine knusprigen Talgkugeln ganz oben auf der Beliebtheitsskala. Wenn Sie Interesse haben, selbst Hand anzulegen, hier sind die Zutaten: Rindertalg oder anderes Fett von guter Qualität (ich halte nichts von billigen Zutaten nach dem Motto »es ist ja nur für die Vögel«), geschälte, *ungesalzene* Erdnüsse, Sonnenblumen- und Pinienkerne (heutzutage als wichtige Zutat für den modischen italienischen Pesto problemlos zu bekommen), Rosinen, gehackte getrocknete Aprikosen und gehackte getrocknete Äpfel sowie ein Paar Plastik- oder Gummihandschuhe, um Ihre Hände vor der klebrigen Masse zu schützen. Wenn Sie weitere Körner oder Häppchen kennen, die ihre einheimische Vogelwelt erfreuen könnten, zögern Sie nicht, sie hinzuzufügen. Aber denken Sie daran: Salz ist für Vögel absolut tabu! Lassen Sie das Fett in einer alten Pfanne weich werden; es sollte nicht zu flüssig oder zu heiß zum Anfassen werden. Geben Sie großzügige – sehr großzügige – Mengen der übrigen Zutaten hinein, lassen Sie das Ganze ein bißchen abkühlen und formen Sie dann Kugeln von der Größe eines Tennisballs. Lassen Sie diese noch weiter abkühlen, und wickeln Sie sie anschließend in ein altes, feines Netz (ich nehme dafür die Kunststoffnetze, in denen die Supermärkte Zwiebeln, Knoblauch und so weiter verkaufen). *Et voilà:* Eine köstliche Kugel, die die Gaumen Ihrer gefiederten Fauna erfreuen wird.

Serviervorschläge: Schmücken Sie im Garten einen Weihnachtsbaum mit diesen Kugeln, und sie werden einen

Schwarm lebendigen Schmucks anlocken. Oder noch besser: Hängen Sie eine an den Klöppel einer Windharfe und lassen Sie sich bei Ihrem Marmeladenbrötchen, Ihrem Müsli oder Ihrem Rührei von einer Morgenmusik begleiten, zu der frühstückende Schnäbel aufspielen.

Bon appétit!

Grüne Zimmer

Gibt es einen Unterschied zwischen einem Haus und einem Garten?«

Hätte mir jemand vor sechs Jahren, als mein Leben noch in den Wirbel des endlosen Molochs Großstadt eingebunden war, diese Frage gestellt, hätte ich sicher mit den Achseln gezuckt. Ich hätte mich verstohlen umgesehen, ob, falls nötig, Hilfe in der Nähe sei. Und meine Antwort wäre höflich zustimmend, wenn nicht ein wenig frostig ausgefallen. Anschließend wäre ich mit der gemurmelten Entschuldigung, ich müßte einen Zug erreichen, davongeeilt. Züge fand ich damals besonders hilfreich, wenn es darum ging, Leute loszuwerden, die idiotische Fragen stellen. Doch jetzt, einige Jahre später, hat sich die Situation entscheidend geändert. Ich habe die Stadt verlassen und bin in eine Zivilisationsnische gezogen, wo kein Zug als möglicher Vorwand herhalten kann. Hier ist die schnellste Bewegung, die einem vor Augen kommt, der rasche Flug der Schwalben. Und hier hat sich das Tempo meines Lebens so verlangsamt, daß es kaum schneller ist als das einer altersschwachen Schnecke. Außerdem habe ich gelernt, über Fragen, die mir gestellt werden, nachzudenken und sie ein bißchen ernster zu nehmen. Erlauben Sie mir deshalb, zu der eingangs gestellten Frage zurückzukehren: Gibt es einen Unterschied zwischen einem Haus und einem Garten?

Darauf gibt es nur eine richtige Antwort: nein. Es gibt keinerlei Unterschied. Jedes Haus, meins jedoch ganz besonders, ist so sehr Garten, wie der Garten Haus ist, und mit der Zeit finde ich, daß die Grenze zwischen beiden zunehmend verwischt. Für viele Besucher, insbesondere Insekten, gibt es überhaupt keine Grenze. Mein Haus hat Räume, und die hat auch mein Garten. Für eine abenteuerlustige Spinne besteht kein Unterschied zwischen den Deckenbalken und den Ästen der Kastanie. Sie fühlt sich auf beiden gleichermaßen zu Hause. Und mir geht es ebenso, auch wenn ich lieber *unter* statt im Baum sitze. In der Tat ist zu dieser Jahreszeit eine Ecke meines Gartens zum Arbeitszimmer geworden. Genau hier sitze ich in diesem Moment und hämmere fröhlich auf die Tastatur meines Computers ein. Der Tag ist wunderschön, Unmengen von Schmetterlingen sind unterwegs, und ich sehe keinen vernünftigen Grund, wieso ich wegen der Arbeit auf die Gesellschaft von Vierfüßern, Vögeln und Insekten verzichten soll. Im Gegenteil, die Tatsache, daß gerade ein Marienkäfer auf der Q-Taste gelandet ist und jetzt fröhlich über den QWERTZ-Pfad marschiert, hat eindeutig etwas Inspirierendes. Nachher, wenn die Arbeit getan ist, wird ein anderer Teil meines Garten zum Freilichteßzimmer werden, und ich hoffe, die Fliegen und Mücken beschließen nicht, an unserem Wein teilzuhaben – obwohl es sicher weit weniger öde ist, in solch einem süßen Trank unterzugehen als von dem Sprühnebel eines tückischen Insektizids erstickt zu werden.

Entschuldigen Sie, ich schweife ab. Ein Arbeitszimmer im Freien mag zwar inspirierend sein, doch die Kehrseite sind zahllose Ablenkungen. Das gilt besonders, wenn die Meisen ständig ihr Nestbaumaterial in den Kaffee fallen lassen. Wie gesagt, mein Haus ist mein Garten und umgekehrt, auch wenn dem Zyniker diese Feststellung einige Rätsel aufgeben dürfte.

»Aber was ist mit den Pflanzen? Die wachsen drinnen doch nicht!« kann ich ihn förmlich keuchen hören. Geduldig und höflich weise ich ihn auf die beiden großen Farne hin, die auf dem Tisch stehen, auf den regelrechten Aufmarsch von Begonien am Fenster, eine wahnsinnig exotische Orchidee (natürlich ein Geschenk) auf der Kommode und, nicht zu vergessen, einige angewelkte Efeuableger in einem Marmeladenglas im Bücherregal. (Die Samensammlung verschweige ich klugerweise. Denn die ist überall zu finden – in Teedosen, Briefumschlägen, Kaffeebechern und

Plätzchendosen, in einem alten Nähkörbchen und in Schubladen. In meinem Haus bleibt nichts lange leer.)

»Aber ich meine richtige Pflanzen. Und Bäume. Und Sträucher!«

Ich verliere langsam die Geduld. Ist dieser arme Zyniker denn blind? Kann er nicht erkennen, daß der Tisch so etwas wie ein Baum ist? Und daß die Stühle Rhododendren und Azaleen sind? Muß ich Verständnis dafür aufbringen, daß er nicht einmal einen Fingerhut voll an Phantasie besitzt, um zu merken, daß innerhalb meiner vier Wände die Möbel dieselbe Funktion haben wie die Pflanzen, Bäume und Sträucher im Freien? Ich versuche, ihm das zu erklären, doch der Zyniker kommt offenbar zu dem Schluß, daß ich ein hoffnungsloser Fall sei. Er behauptet, sein Zug wartet, und räumt eiligst das Feld. Und ward nie wieder gesehen, hoffe ich. Für Zyniker habe ich keine Zeit.

Je mehr ich darüber nachdenke, desto mehr gefällt mir der Vergleich von Möbeln und Pflanzen. Die Vorstellung, in einem Lehnrhododendron am Feuer zu sitzen, während der Novemberwind im Schornstein heult, ist einfach schön, und sich an einem hübschen Maimorgen im Schatten des Bauernschranks zu räkeln, ist zu paradiesisch, um darauf zu verzichten.

Damit nicht auch Sie meinen, ich sei nicht ganz dicht, möchte ich hier rasch einfügen, daß ich durchaus ein paar kleinere Unterschiede zwischen meiner Möblierung im Haus und der draußen erkennen kann. Ein Hauptmerkmal der Innenmöblierung ist, daß sie selten wächst. Was in gewisser Weise bedauerlich ist, denn das könnte zu netten Unterhaltungen führen. Stellen Sie sich einmal die folgende Szene vor:

Eine Besucherin kommt. Sobald sie die Türschwelle überschritten hat, schlägt sie sich voller Bewunderung die Hand vor den Mund.

»Oh, mein Gott, dieser Tisch!« Sie ringt nach Luft. »Ich erkenne ihn nicht wieder. Er reicht mir ja fast bis zur Taille. Womit haben Sie ihn bloß gedüngt?«

»Nichts Besonderes«, erwidere ich obenhin, »nur das Übliche und gelegentlich eine Spur Beinstärkung einmal pro Woche.«

Woraufhin sich meine Besucherin umdreht und den Stuhl entdeckt. Ihre Stimme wird geradezu ekstatisch. »Und dieser Stuhl! Er ist einfach phantastisch! Als ich ihn das letzte Mal gesehen habe, war er winzig. O bitte, darf ich mich draufsetzen ... Doch sagen Sie, *wo* werden Sie ihn hinstellen, wenn er noch größer wird?«

Worauf die einzige Antwort wäre, daß er dann hinausgeworfen werden müßte. Auf den zweiten Blick ist es vielleicht ganz gut, daß Möbel nicht wachsen ...

Doch glücklicherweise wachsen meine Freilichtmöbel um so besser. Die neuen Mauern aus Efeu und Koniferen um den kleinen geheimen Garten sind in den letzten drei Jahren ziemlich dicht geworden, und sie verleihen dem, was hinter ihnen verborgen ist, bereits etwas Geheimnisnisvolles und Rätselhaftes. (Was findet man dort? Ruhe. Schutz. Heitere Einsamkeit. Worte können die Freude nicht beschreiben, die man empfindet, wenn man sich in die grüne Stille dieses Geheimkabinetts zurückzieht und vorgibt, nicht zu Hause zu sein.) Dann ist da mein provenzalischer Bauernschrank, von dem schon die Rede war. Dabei handelt es sich um meinen Lieblingsrhododendron, der winzig war, als ich ihn gepflanzt habe. Mittlerweile hat er eine respektable Größe erreicht, und wenn ich auf dem Rücken im Gras liege und ihn aus der Horizontale betrachte, erinnert er tatsächlich ein wenig an einen französischen Bauernschrank – vorausgesetzt, ich habe genügend Champagner getrunken.

Ich bin nicht der einzige, der den Garten als Verlängerung des Hauses begreift, denn ein plötzlicher Windhauch trägt den unverwechselbaren Geruch eines scharfen Reinigungsmittels heran. Er kommt von der gegenüberliegenden Straßenseite, wo die Hausbesitzerin gerade ihren Gartenweg reinigt und dabei heftigst versucht, alles Lebendige auszulöschen. Sie ist beständig damit beschäftigt, ihren Garten »sauber zu machen«, wie sie es selbst nennt (ich habe nie gehört, daß sie ein Wort wie *»gärtnern«* benutzt hat). Ihren Rasen bearbeitet sie in der Tat zweimal pro Woche mit einer Art Staubsauger, und ich habe den heimlichen Verdacht, sie bedauert es sehr, daß es kein Spezialshampoo für Gras gibt. Sie kümmert sich auch um ihre Rabatten; in der Hauptsache bestehen diese aus großen Flächen erstaunlich schwarzer

Erde, die hier und da durch einen grünen Busch unterbrochen werden, der gewissenhaft bis zur Unkenntlichkeit zusammengestutzt ist. Wenn sie es endlich geschafft hat, das letzte Fitzelchen ungeplanten Wachstums zu entwurzeln, geht sie ins Haus und macht dort weiter. Angesichts der Tatsache, daß sie für beide dieselben Reinigungsmethoden anwendet, kann es für sie keinen Unterschied zwischen ihrem Garten und ihrem Haus geben.

Aber das ist nicht ganz das, was ich meine. Ich wollte erläutern, daß mein Garten zum integralen Bestandteil meiner Wohnung geworden ist und daß es mir schwerfällt zu bestimmen, welcher wichtiger ist. Natürlich ist ein schützendes Dach über dem Kopf lebensnotwendig, doch ohne einen lebenden grünen Teppich unter meinen Füßen und ohne den Anblick dreidimensionaler Gemälde mit Lilien und Goldregen würde ich zugrunde gehen, denn sie geben mir das beruhigende Gefühl, eins mit dem Leben zu sein. Und was, frage ich Sie, ist notwendiger als das Leben selbst?

Was nervt?

In meinem Garten bin ich nie allein. Es ist unmöglich, auch nur eine Minute in völliger Einsamkeit zu verbringen. Egal, ob ich arbeite oder mich der Muße hingebe, immer weiß ich mich von wachsamen Augen verfolgt. Nehmen wir zum Beispiel das Rotkehlchen. Es lauert ständig in der Nähe und beobachtet mich, bereit, beim geringsten Anzeichen von Aktivität herbeizueilen. Schon das Quietschen einer Schuppentür reicht aus, um es von allen Geschäften, denen es gerade nachgeht, wegzulocken, denn es kennt dieses Quietschen genau, das normalerweise eine gärtnerische Tätigkeit – beispielsweise Hacken oder, besser noch, Graben – ankündigt. Graben ist, wie jedes Rotkehlchen weiß, eine wichtige Angelegenheit, denn mit ein bißchen Glück wird es eine reiche Ernte an Regenwürmern, Larven,

Maden und anderem köstlichen Getier freilegen, die sich normalerweise außer Schnabelreichweite befinden.

Dies hier nur nebenbei, denn ich habe nicht die Absicht, mich über die Taten des Rotkehlchens auszubreiten. Obwohl ich an den Kapriolen dieses rotbrüstigen Komikers viel Spaß habe, meinte ich, als ich sagte, daß man nie allein ist, niederere Lebensformen – alles, was *mehr* als vier oder gar keine Beine hat. Mit anderen Worten: Widmen wir uns diesmal der Betrachtung der wirbellosen Gartenbewohner.

Im Garten wimmelt es auf jedem Quadratmeter von Leben. Genauer, in jedem Kubikmeter, denn das Leben ist eine dreidimensionale Angelegenheit, die sich nicht mit einem einfachen Flächenmaß erfassen läßt. Von den untersten Erdschichten bis zu den höchsten Spitzen der Bäume werden Sie kaum ein Fleckchen antreffen, das nicht von der einen oder anderen Kreatur bewohnt wird. Also beginnen wir mit der Basis, der Erde unter unseren Füßen, erfüllen den Wunsch des Rotkehlchens und graben. Sobald wir den Spaten tief in die Erde stechen und ihn kippen, kommt es zur ersten Begegnung: Ein Wurm kriecht heraus. Zugegeben, das ist nicht gerade der hochstehende Partner, mit dem wir unbedingt ein angeregtes Gespräch führen wollen, aber darum geht es auch gar nicht. Der Punkt ist, daß wir nicht allein sind; ein anderes Lebewesen hat sich zu uns gesellt (allerdings nicht für sehr lange, dafür wird das Rotkehlchen sorgen), quod erat demonstrandum. Falls der Wurm besonderes Pech hatte, sind es vielleicht sogar zwei. Übrigens eine unangenehme Erfahrung, denn ich schätze es nicht, Würmer zu zerschneiden. Daß es ihnen nichts ausmacht und beide Teile zu neuen Exemplaren werden, davon konnte man mich nie überzeugen. Und ich glaube auch nicht, daß das dem Wurm gefällt. Er wird sich nicht voller Dankbarkeit vor unseren Füßen winden und sagen: »Ich danke dir, Großer Spatenführer, daß du mir einen Gefährten geschenkt hast!«

Doch mißverstehen Sie mich nicht; ich pflege grundsätzlich keine engen Beziehungen zu Würmern. Deshalb überlasse ich an dieser Stelle das Opfer dem Rotkehlchen und wende mich anderen Mitgliedern meiner Gartenbevölkerung zu, denn es gibt noch viele weitere Wirbellose – gute, böse, häßliche –, die unsere Aufmerksamkeit verdienen. Lassen Sie mich mit einigen der »bösen« beginnen, obwohl ich glaube, daß es in der Tierwelt etwas im menschlichen Sinne Böses nicht gibt. Insekten können nichts dafür, daß sie Plagen sind, und ganz bestimmt erfreuen sie sich nicht daran. Sie sind, was sie sind – programmiert, ihre Aufgabe zu erfüllen, zu überleben und sich fortzupflanzen. Unglücklicherweise durchkreuzen sie damit häufig unsere Pläne. Nehmen wir beispielsweise die Ameisen, die, wenn sie die Möglichkeit erhalten, den Rasen ruinieren und in eine Mondlandschaft verwandeln. Und nicht nur das, sie folgen auch geheimnisvoll sich windenden Pfaden. Sie machen die winzigsten Risse in Mauern, Türen oder Fenstern ausfindig. Dann dringen sie ins Haus ein und entdecken mit unfehlbarer Sicherheit den genauen Platz der Zuckerdose und anderer Behälter mit süßen Nahrungsmitteln. Deshalb haben wir keine andere Möglichkeit, als sie zu vernichten – Auge um Auge.

Die Vernichtung von Ameisen gehört in der Tat zu meinen häufigen Beschäftigungen. Den ganzen Sommer laufe ich mit Kesseln voll heißem Wasser herum, das ich in ihre Nester gieße (im Garten), oder mit Büchsen voll starkem Gift, das ich über ihre Straßen streue oder sprühe (im Haus). Ich tue das nicht gern, und, ob Sie es glauben oder nicht, ich entschuldige mich vorher immer bei den Ameisen. Ich erkläre ihnen, daß es mir leid tut, aber daß sie schließlich selbst schuld daran sind. Natürlich ist das ein Krieg, den ich nie gewinne, und in gewisser Weise bin ich auch froh darüber. Die ganze Ameisenpopulation ausgerottet zu haben, würde mein Gewissen schwer belasten. Zudem vergesse ich nie die Freude, die ich als kleiner Junge hatte, als ich Ameisen in einem künstlichen Nest hielt; ihre geheimnisvollen Betätigungen in ihren mit Glas abgedeckten Tunneln – die ich aus Ton herausgekratzt hatte – zu beobachten, lehrte mich mehr über die Komplexität einer Gesellschaft als ganze Jahre öder Geschichtsstudien.

Also kümmern wir uns nicht mehr um die Ameisen und richten unsere Augen woandershin. Vom »Bösen« zum »Häßlichen«. Was haben wir denn da direkt in Augenhöhe? Ich schüttele mich, denn hier habe ich eine wirklich häßliche Gesellschaft: eine riesige Spinne. Sie hat ihr feines Netz zwischen den Zweigen des Magnolienbaums gesponnen. Ich bin mir sicher, daß sie mich gleichfalls sieht, aber da ich keine wohlschmeckende Vorspeise darstelle, ignoriert sie mich. Ich weiß ganz genau, daß sie mir keinerlei Schaden zufügt. Im Gegenteil, sie unterstützt mich bei meinem beständigen Kampf gegen das »Böse«, doch trotzdem verursacht sie mir eine Gänsehaut. Was nur beweist, daß die Spinne mir in gewisser Hinsicht überlegen ist, denn sie hegt weder Groll noch irrationale Gefühle.

Mein Arachnoiden-Exkurs erinnert mich an eine Unterhaltung, die ich kürzlich mit dem Besitzer meiner Gärtnerei geführt habe. Genauer gesagt war es ein Monolog seinerseits, zu dem ich nur gelegentlich ein zustimmendes Murmeln beisteuern konnte. Seine Monologe, mit denen er freigiebig sein Wissen hervorsprudelt, sind großartig. Es ist kein Wissen, das man aus Büchern bekommt. Nein. Ich bin überzeugt, daß es sich aus einer viel vertrauenswürdigeren Quelle speist, nämlich aus vielen Jahren der Beobachtung und Erfahrung. Und er liebt es, dies mit einer wißbegierigen Seele zu teilen und mit Rauchwolken aus seiner Pfeife zu würzen. Ich bin leidenschaftlicher Nichtraucher, doch ich habe nichts gegen seine Pfeife. Ich mag sie sogar. Draußen im Freien stört sie mich nicht im geringsten, und irgendwie verleiht sie seinen Aussagen Autorität. Sie schafft eine Atmosphäre von Vertrauen. Wenn er im Brustton der Überzeugung verkünden würde, daß

»Spinnen ... paff, paff ... in der Tat verwandt sind ... paff, paff ... mit dem Weißkopfseeadler«, würde ich diese Aussage keinen Moment anzweifeln (während eine Zigarette in seinem Mundwinkel die Glaubwürdigkeit derselben Aussage ganz erheblich vermindern würde). Ja, er ist ein großartiger Mann. Leider auch seine Rechnungen.

Aber das gehört nicht hierher. Wenden wir uns wieder seinem jüngsten Monolog und der häßlichen Spinne zu. Folgendes sagte er über Schädlinge: »Gäbe es keine Spinnen, müßten wir knietief in Insekten waten.« Irgendwie bin ich geneigt, ihm das auch ohne Pfeife zu glauben.

Aber manche Insekten sind zu groß für Spinnen, egal, wie stark ihre Netze sind. Nehmen Sie beispielsweise die Libellen (eine der wenigen Insektenarten, die sowohl schön als auch häßlich sind); einige von ihnen werden größer als Mäuse. Eine Libelle ist eine wahrlich faszinierende Kreatur und eine höchst unterhaltsame Gesellschaft. Ich bewundere die Anmut, mit der sie hin und her durch den ganzen Garten saust, ein leuchtend blauer Blitz, der seine Mahlzeiten (Fliegen und Mücken) im Flug fängt. Sie scheint ihr Revier genau zu kennen, und wenn sie sich einen Moment in der Sonne ausruht, wählt sie immer dieselben Stellen: die äußerste Spitze eines einzelnen Zweigs, der über die Hecke hinausragt, oder einen bestimmten Abschnitt der Wäscheleine. Doch lange verweilt sie dort nie. Schon erhebt sie sich wieder und schwebt in großen Kreisen umher, jetzt läßt sie sich wieder auf ihrem Lieblingsplatz in der Sonne nieder und zeigt stolz ihre goldgepuderten, durchsichtigen Flügel. Sie erinnert mich an ein aufgeregtes kleines Mädchen in seinem Lieblingskleid, das vor lauter Vorfreude auf ein Kinderfest nicht stillsitzen kann. Sie erinnert mich auch an ein Märchen, denn ich kenne kein anderes Lebewesen, das derart bezaubernde, elfenähnliche Flügel aufweist.

Kerbtiere. Sie sind immer um uns herum, Tag und Nacht. Wo wir auch hinschauen, in jeder Ecke sehen wir etwas krabbeln, zittern, flattern, schweben. Da ist zum Beispiel die farbenprächtige Parade der Schmetterlinge. Es ist herrlich, ihre Suche nach Nektar, bei der sie selten eine Blume zweimal aufsuchen, zu begleiten – ihre wilden Spiele zu beobachten, ihre anmutigen Tänze in der Luft, ihre Aufregung, wenn sie ihre Parzelle gegen Eindringlinge verteidigen, denn manche Arten haben ein erstaunliches Revierbewußtsein.

Die Szenen, die die zahllosen Insekten in unserem Garten aufführen, müssen nicht unbedingt farbenprächtig sein, um uns zu entzücken. Wenn die Abenddämmerung naht, verdient der muntere Hochzeitstanz winziger Mücken unsere Aufmerksamkeit. Sie wirbeln im lila Licht in bebenden Säulen und wogenden Girlanden herum – das große Finale vor Sonnenuntergang. Doch es handelt sich ganz und gar nicht um das Finale. Sobald die Dunkelheit hereinbricht, beginnt der nächste Akt: der nächtliche Tanz der Glühwürmchen und Nachtfalter.

Manchmal ziehe ich es jedoch vor, meine Augen zu schließen und zu lauschen. An warmen Junitagen sitze ich mit geschlossenen Augen unter dem Rhododendron, der zu dieser Jahreszeit ein dichter Baldachin lilafarbener Blüten ist. Er wimmelt von Bienen und Hummeln. Tausend kleine geschäftige Wesen summen den ganzen Tag herum, und wenn ich lange genug dort sitze, ist es fast so, als würde ihr monotones Brummen in meinem Kopf vibrieren. Dann besteht es nicht mehr aus tausend unterschiedlichen Stimmen, sondern bekommt eine magische Kraft und verschmilzt zu einem einzigen Ton, wie ein langes, beruhigendes Tremolo auf einem gigantischen Cello.

Bitte sagen Sie jetzt nichts. Stören Sie diesen Moment reinsten Zaubers nicht. Vor allem aber, verwechseln Sie mich nicht mit jemandem, der einsam ist und aufgemuntert werden muß. Sie irren sich, wenn Sie glauben, daß ich allein bin und mich vor der bösen Welt verstecke. Ich bin sehr damit beschäftigt, mich nerven zu lassen. Von Kerbtieren.

Wespen!

Ich weiss, dass meine Liste von Kerbtieren im letzten Kapitel unvollständig ist, doch leider ist es unmöglich, die Myriaden verschiedener Krabbeltiere zu beschreiben, die meinen Garten bevölkern. Sie wundern sich vielleicht, daß ich nicht auf den allgegenwärtigen Marienkäfer eingegangen bin. Wie ein wahrer Herr von Stand hat er nicht nur das bekannte Gewand mit den schwarzen Tupfen in seinem Schrank. Wußten Sie, daß es ihn auch in unauffälligem Beige, in allen Schattierungen von sehr hellem Gelb bis zum dunkelsten Orange oder sogar kariert wie ein Schachbrett gibt? Vielleicht sind Sie enttäuscht, daß die ätherischen Florfliegen und die tollpatschigen Maikäfer völlig fehlen. Und vielleicht sind Sie nicht damit einverstanden, daß ich hinsichtlich einiger besonders lauter Vertreter Stillschweigen wahre: der Grillen und Heuschrecken. Ich habe es auch versäumt, auf den clownesken, staksigen Weberknecht einzugehen, der an milden Sommerabenden gegen Sonnenuntergang erscheint und ziellos in den Hecken herumtollt, und ich habe die Schmeißfliegen und ihren eigenartigen Lärm – ich nenne sie lieber Brummfliegen – nicht einmal erwähnt, die, obwohl allgemein verachtet, mit ihren phantastischen blauen und grünen Stahltönen an fliegende Edelsteine erinnern. Glauben Sie mir, sie alle sind vertreten und beteiligen sich zuverlässig am Gartenfest der Wirbellosen, das den ganzen Sommer über andauert. Allein eine Aufzählung *aller* Kerbtiere in meinem Garten würde diese Seiten in eine Art Denkmal für Gliederfüßer verwandeln.

Doch auf eine andere Gruppe möchte ich Ihr ganz spezielles Interesse lenken. Ich habe sie bereits kurz erwähnt: Wespen.

Wespen. Schon der Name reicht aus, einen schaudern zu lassen. Er erinnert einen an zusammengefaltete Zeitungen, die bei dem Versuch, die summenden Plagegeister zu verscheuchen, durch die Luft klatschen. An schreiende Kleinkinder, die vom Picknicktisch wegrennen. An überängstliche Eltern, die versuchen, ihre Jüngsten zu schützen. Die friedlichste Zusammenkunft wird jäh unterbrochen, sobald sich auch nur einer – gewöhnlich sind es mehrere – dieser ungebetenen Gäste dazugesellt. »Eine Wespe!!« kreischt die älteste Tochter und läßt ihre Eistüte auf den Rasen fallen. Das mütterliche Lächeln der Mutter friert ein. »Vorsicht,

Liebes!« flüstert sie und wird ein bißchen blaß. »Die tut nichts! Nicht bewegen! Nicht in Panik geraten!« schreit Vater, doch sein unsteter Blick verrät, daß er selbst einer Panik ziemlich nahe ist. Er schnappt sich die Sonntagsbeilage, faltet sie zusammen, und eine wilde Jagd beginnt ... Klingt Ihnen das vertraut?

Ich muß zugeben, daß der schlechte Ruf der Wespen nicht unbegründet ist. Manche von uns reagieren allergisch auf ihre Stiche, und das bedeutet, daß sie natürlich extrem vorsichtig sein müssen. Leider wird die Aggressivität von Wespen stark übertrieben. In Wahrheit belästigt uns eine Wespe während des größten Teils ihres kurzen Lebenszyklus gar nicht und greift uns nicht an, es sei denn, sie fühlt sich in die Enge getrieben oder wir kommen ihrem Nest zu nahe. Im Gegenteil, es gibt wenige andere Insekten, die uns so sehr bei dem unablässigen Kampf gegen Blattläuse, Raupen und andere Schädlinge unterstützen. Wenn Sie die Augen offenhalten, werden Sie das vielleicht selbst herausfinden. Ich entdeckte es per Zufall vor ein paar Jahren und habe auf der Stelle den Club der Wespenhasser verlassen und bin zum leidenschaftlichen Wespenfan geworden.

Das Ganze begann an einem warmen Abend im Mai. Ich saß in glückseliger Muße im Garten und lauschte den Geräuschen der Nacht. Nicht denen der Zivilisation, denn die versuche ich unter allen Umständen auszublenden, sondern den tausendundeins leisen Stimmen von Mutter Natur, die uns immer, besonders aber nach Einbruch der Dunkelheit, umgeben: dem Flattern eines Nachtfalters, dem Lied des Windes in den Bäumen, dem heiseren Quaken einer Kröte auf Insektenjagd. Für mich sind diese Geräusche ebensosehr Teil meines Gartens wie die Blumen und Sträucher. Ich kenne sie alle. Und Sie auch, denn es ist noch gar nicht so lange her, daß ich Sie zu einer Sondervorstellung dieser nächtlichen Symphonie geladen habe.

An diesem Abend hörte ich ein unbekanntes Geräusch, fast so, als würde eine Maus eine Nuß fressen. Es gab mir Rätsel auf, denn es kam aus einer der hohen Koniferen, und Koniferen tragen keine Nüsse. Zudem kam es aus fast vier Meter Höhe, und wohlerzogene Mäuse klettern meines Wissens nicht auf Bäume, solange dort keine Belohnung auf sie wartet. Und außerdem war es sehr leise, zu leise für eine ausgewachsene Maus ...

Ich habe nichts gegen Mäuse. Im Gegenteil, ich finde sie ziemlich putzig, solange sie nicht ins Haus kommen. Doch da ich gerade ein nervtötendes Erlebnis hinter mir hatte (ich habe in einem vorangegangenen Kapitel davon erzählt; sie verspeisten meine Vorhänge, wie Sie sich vielleicht erinnern werden), war mein TlgM – Toleranzlevel gegenüber Mäusen – extrem niedrig, und ich goutierte ihre Anwesenheit in meinem Garten nicht. Also klatschte ich in die Hände und rüttelte an dem Baum. Der Eindringling hätte voller Angst fliehen sollen. Das Geräusch hätte aufhören müssen. Doch das tat es nicht. Das Nagen ging unablässig weiter, und ich merkte, daß ich es mit einem Wesen zu tun hatte, das, wie klein es auch immer war, keine Angst kannte. Doch es war zu dunkel, um etwas zu erkennen, und auch eine Taschenlampe brachte kein Licht in die Angelegenheit.

Ich setzte meine Nachforschungen gleich am nächsten Morgen fort, und diesmal war ich erfolgreicher. Obwohl das Geräusch aufgehört hatte oder angesichts der zahllosen gärtnerischen Aktivitäten rundum in der Nachbarschaft nicht mehr zu hören war, entdeckte ich etwas unter einem der Zweige: Dort hing ein grauer, runder, etwa tennisballgroßer Gegenstand. Und es herrschte auch Betriebsamkeit: schwarzgelb gestreifte Insekten krabbelten durch ein winziges Loch in der Unterseite. Wespen!

Mein erster Gedanke war, zum Telefon zu rennen und auf der Stelle den Kammerjäger kommen zu lassen. Doch fast genauso schnell kamen mir zwei weitere Überlegungen: Was hatten die armen Kreaturen getan, um ihre totale Vernichtung zu rechtfertigen, und was könnten sie überhaupt in Zukunft anrichten? Bis zu diesem Zeitpunkt hatte ich ihre Existenz ja nicht einmal bemerkt; ganz sicher bestand kein Grund zur Panik. Also verwarf ich die Möglichkeit einer menschlichen Intervention und erlaubte ihnen zu bleiben, jedenfalls zunächst einmal.

In jenem Sommer habe ich viel Zeit mit dem Studium der Wespen verbracht. Die war es zweifellos wert, und im Verlauf der nächsten Wochen erkannte ich immer deutlicher, daß mir wieder einmal das Privileg zuteil wurde, ein

Wunder der Natur in meinem eigenen Garten erleben zu dürfen. Ich staunte über die unermüdliche und unablässige Geschäftigkeit dieser Insekten. Das Wespennest, das wie eine seltsam deplazierte exotische Frucht unter dem Koniferenzweig hing, wuchs und wuchs, bis es zu einem kleinen, fast perfekt geformten Fußball geworden war. Im Innern tobte, wie ich aus neugekauften Büchern über Insekten wußte, gleichfalls das Leben. Eine Königin legte Eier, und Hunderte von Larven wurden den lieben langen Tag gefüttert. Ihr Speiseplan fand meine volle Zustimmung: Blattläuse, Raupen, Fliegen und Schnecken fielen den Stacheln und Kiefern der Arbeiterinnen in unglaublicher Zahl zum Opfer, und die Kraft und der Einfallsreichtum, die sie an den Tag legten, um ganze Käfer in ihr Nest zu schleppen, waren geradezu erstaunlich.

Inzwischen äußerten die meisten meiner Nachbarn mehr oder weniger offen Zweifel an meinem Geisteszustand, doch ich blieb bei der toleranten Haltung gegenüber »meinen« Wespen. Und ich wurde belohnt: Nach einigen Wochen fiel mir die ungewöhnliche Abwesenheit von Plagegeistern im Garten auf, und ich schrieb die Tatsache, daß ich erstmals weder Raupenkolonien vernichten noch von Läusen übersäte Fingerhuttriebe abschneiden mußte, den Aktivitäten der schwarzgelben Arbeiterinnen zu. Auch sie wurden ihrerseits belohnt: Ich ließ sie den ganzen Sommer lang ungestört. Schließlich lebten sie in einem sicheren Abstand von fast vier Meter Höhe und kamen kaum einmal bis zu meiner Limonade oder meinem Pudding herunter. Und gestochen wurde ich kein einziges Mal.

So wie mein Wespenexperiment begonnen hatte, endete es auch: nachts. Eines Nachmittags gegen Ende des Sommers kam ein leichter Wind auf, der sich bis zum Einbruch der Dämmerung zum heftigen Sturm gesteigert hatte. Die ganze Nacht pfiff und heulte er um das Haus, doch bei Tagesanbruch legte er sich. Sobald ich angezogen war, ging ich hinaus in den Garten, um den Schaden zu begutachten. Wundersamerweise gab es keinen. Aber die Wespen hatten nicht soviel Glück gehabt. Ihr Heim hatte nicht bloß einen Schaden davongetragen, es war dem Erdboden gleichgemacht. Ich entdeckte ein winziges Stück ihres papierenen Palasts zwischen den Hortensien; nicht einmal der winzigste Rest befand sich noch unter dem besagten Zweig.

Ich empfand eine plötzliche Leere. Zwangsläufig dachte ich an jenen Tag im Mai, an dem ich das Nest entdeckt hatte. Fast hätte ich den Kammerjäger gerufen, doch dann hatte ich mich rechtzeitig dagegen entschieden. Als Gegenleistung hatte ich viel Freude erfahren und eine wertvolle Lektion erteilt bekommen. Nun war die Lektion mit der bekannten Moral beendet worden: Nichts währt ewig. Wieder einmal, überlegte ich, hat die Natur die letzte Entscheidung getroffen, indem sie, zur gegebenen Zeit, ihren eigenen Kammerjäger geschickt hat.

Das *grüne* Jahrtausend

UNSER JAHRTAUSEND NEIGT sich seinem Ende zu. Möglicherweise haben Sie, wenn Sie diese Worte lesen, die Brücke in die Zukunft bereits überquert, und das Zeitalter der Odyssee im Weltraum ist schon ein Stück weit Geschichte geworden. Die Frage ist, ob wir bereit waren für dieses Ereignis. Ist uns je klargeworden, daß vor uns die Menschheit erst einmal den Übergang von einem christlichen Jahrtausend in das nächste erlebt hat? Sollten wir das feiern?

Wenn Sie mich fragen, ich denke, wir sollten das unbedingt tun, wenn es noch nicht zu spät ist. Wir sollten die ganze Welt mit Girlanden bekränzen, die von einem Kontinent zum anderen reichen und die Menschen verbinden. Mag sein, daß das ein kaum praktikabler und schrulliger Vorschlag ist, aber mir gefällt er trotzdem sehr. Auch wenn sich unsere Erde in einem beklagenswerten Zustand befindet, so ist sie doch unser kostbarster Besitz, und warum sollten wir nicht dieses eine Mal ihre gesamte Oberfläche schmücken und dem Universum zeigen, daß wir *alle* ein großes Jubelfest feiern?

Da genauere Richtlinien vom Komitee für das Dritte Jahrtausend (das unverzüglich einberufen werden sollte) noch ausstehen, habe ich erst einmal beschlossen, die Ankunft des neuen Jahrtausends auf meine eigene, sehr viel weniger spektakuläre und auch ein wenig egoistische Weise zu feiern: Ich werde es meinem eigenen Garten widmen und es einfach zum »Grünen Jahrtausend« erklären.

Grün. Ein Wort, das ich auf diesen Seiten unzählige Male verwendet habe. Ich fürchte, das ist alles andere als originell, denn *grün* ist in den letzten Dekaden unseres gegenwärtigen Jahrtausends überall wiederentdeckt worden. Der Begriff wird so häufig benutzt, daß wir ihn kaum noch als Farbe wahrnehmen. Er ist zu einer Geisteshaltung geworden. Ganz sicher ist er zu meiner Geisteshaltung geworden, und ich folge diesem Trend eifrig, indem ich Dinge als *grün* bezeichne, die kaum etwas mit Farben zu tun haben. Das Lied eines Vogels ist beispielsweise *grün.* Das Röhren der Triebwerke einer 747 ist dagegen eindeutig *nicht-grün.* Seide und Baumwolle sind *grün,* im Gegensatz zu Nylon, Dralon und, nicht zu vergessen, unserem gewirkten Polyester, dem bevorzugten Material zahlloser

Kleidungsstücke, in denen ganze Generationen fröhlich durchs Leben rutschten und in der Folge häßliche Ausschläge bekamen.

Mein Garten ist natürlich *grün* und grün. Ebenso die meisten meiner Gartengeräte, denn mein Verlangen nach einer motorisierten Ausrüstung (*nicht-grün*) war angesichts der bescheidenen Dimensionen des Gartens nie sonderlich groß. Im Gegenteil, ich habe mich immer gegen den Gebrauch von Maschinen gewehrt. Nicht nur, weil sie Unmengen teurer Energie verbrauchen, sondern auch, weil sie die unangenehme Eigenschaft haben, den Frieden nachhaltig zu stören, speziell an Samstagen und Sonntagen. Wenn ich mich an einem sonnigen Samstag in meinem Garten an der ländlichen Stille erfreuen will, bin ich gezwungen, um sechs Uhr aufzustehen, also noch früher als an einem normalen Arbeitstag. Nur dann kann ich meinen Tee in Ruhe trinken, die überwiegend *nicht-grünen* Schlagzeilen der Morgenzeitung lesen oder mich vielleicht an einem oder zwei Kapiteln ergötzen, ohne daß im Hintergrund etwas anderes als Vogelgezwitscher (*grün!*) zu hören ist.

Doch es dauert nicht lange, bis der Lärm der Zivilisation die Hörorgane erreicht. Der strahlende Morgen hat meinen Nachbarn in seinen Garten gelockt. Ich höre, wie seine Schuppentür in ihren rostigen Angeln quietscht. Vergeblich hoffe ich, daß er sich heute einer harmlosen Tätigkeit wie dem Harken seiner Beete widmet. Das ist ein *grü-*

nes Geräusch, das ich mag: Wenn die Zinken durch die dunkle Erde kratzen, wenn sie sie glätten und belüften und sozusagen die Basis für neues Leben schaffen. Aber natürlich war das Wunschdenken, und es dauert nur wenige Minuten, bis er seinen motorgetriebenen Rasenmäher anwirft und ein sehr *nicht-grünes* Getöse das Morgenlied der Amseln übertönt. Seine Aktivität ist anscheinend ansteckend. Schon bald gesellt sich ein weiterer Rasenmäher hinzu und noch einer ...

Es ist unmöglich, sich bei diesem Krach zu konzentrieren, und mit einem Seufzer schließe ich mein Buch. Macht nichts; mein kleiner Rasen muß auch gemäht werden, und ich hole meinen guten alten Handrasenmäher heraus, dessen Farbe grün und dessen Geist *grün* ist. Er ist gerade gereinigt, nachgeschliffen und überholt worden, so daß er mit einem fröhlichen, beruhigenden und adäquaten Rattern sanft durch das Gras gleitet. Sofort ist der Sommermorgen von einem köstlichen Geruch von *grün* erfüllt.

Mittlerweile hat das Ende unseres Jahrhunderts seine *nicht-grünen* Nebenprodukte deutlich sichtbar überall um mich herum abgesetzt. Den Anfang machte die neue Verkleidung des Hauses direkt gegenüber. Sie wurde vor fünf Jahren angebracht, sieht aber immer noch wie neu aus. Sie wurde nie gestrichen, ist abweisend gegen alles und von einem gräßlichen Weiß. Obwohl sie offenkundig wie Holz wirken soll, erscheint ihre glänzende Oberfläche im höchsten Maß künstlich, und niemals werden ihr die Jahre etwas anhaben oder auch nur das Grelle nehmen. Das mag bequem für die Besitzer sein, doch für mich ist sie ein Schandfleck.

Ebenso hat der neue Autostellplatz meines linken Nachbars mit seinem entsetzlichen Skobolitdach das Farbenspiel meiner Rabatte zerstört und bietet einen traurigen Anblick. Ganz zu schweigen von den Plastikgartenmöbeln, die die Betonterrasse des Hauses hinter meinem zieren. Sie sind nicht bloß *nicht-grün,* sondern auch von einem scheußlichen Orange!

Die naheliegendste Möglichkeit, diese störenden Elemente auszuschalten, wäre gewesen, eine hübsche Steinmauer rund um das Haus zu bauen. Zeitweilig habe ich ernsthaft darüber nachgedacht. Doch das wäre eine kostspielige Angelegenheit geworden, und angesichts der ominösen roten Zahlen auf meinen jüngsten Bankauszügen war das nicht ratsam. Außerdem wäre mit an Sicherheit grenzender Wahrscheinlichkeit dafür eine spezielle Baugenehmigung nötig gewesen, die ganz bestimmt nie erteilt worden wäre. Und nicht zuletzt hätte eine solche Mauer um mein bescheidenes Anwesen eindeutig verschroben und deplaziert gewirkt. Nein, eine Mauer kam leider nicht in Frage, und auch ein Wall nicht (meine Phantasie kennt keine Grenzen). Also entschied ich mich für eine einfachere Lösung: Ich pflanzte eine weitere Hecke.

Das war vor fünf Jahren. Aus heutiger Sicht ist die Zeit nur so verflogen, doch ich kann mich noch gut an die

Qualen des Wartens erinnern. Im ersten Jahr tat sich nichts; die Hecke blieb eine bemitleidenswerte Reihe trauriger grüner Reiser, die die Scheußlichkeiten, die sie verbergen sollten – einschließlich des sarkastischen Grinsens eines meiner Nachbarn –, nicht einmal verschleierten. Sie wuchs noch nicht einmal um den Bruchteil eines Zentimeters. Der Winter kam und ging vorbei, und an einem sonnigen Morgen zu Beginn des Frühlings entdeckte ich winzige hellgrüne Sprengsel an den Zweigspitzen: die ersten Anzeichen neuen Lebens. Einen Monat später hatten sich die Sprengsel zu neuen Ästen von gut einem Zentimeter entwickelt.

Eigentlich hätte ich mich über diesen plötzlichen Fortschritt freuen müssen, doch er deprimierte mich mehr, als man mit Worten ausdrücken kann, denn fälschlicherweise rechnete ich mir aus, daß es bei diesem Tempo bis weit ins nächste Jahrtausend dauern würde, ehe die Hecke auch nur ansatzweise die Monstrositäten rundum vor meinem Blick verbergen würde. Gott allein wußte, wie viele Jahre es noch dauern würde, ehe ich mich in die Privatsphäre meines eigenen Gartens zurückziehen konnte, ohne von den Errungenschaften der modernen Technologie belästigt zu werden. Allein der Gedanke, einen derart endlosen Zeitraum überbrücken zu müssen, reichte aus, um mich in tiefste Melancholie zu stürzen.

Es ist bloß gut, daß ich meiner Hecke diese depressiven Gedanken nicht übermittelt habe, denn ganz sicher hätte sie dann Rache genommen angesichts dieses eklatanten Mangels an Vertrauen. Sie wäre beleidigt gewesen und wäre auf der Stelle verdorrt. Doch so wuchs sie nicht nur einfach weiter, sondern legte dabei auch an Geschwindigkeit zu. Die Lücken zwischen den einzelnen Stämmchen füllten sich allmählich, und mitten im Sommer stellte ich plötzlich fest, daß die Beine der nachbarlichen Plastikmöbel nahezu unsichtbar geworden waren. Im Verlauf des folgenden Jahrs verschwand nach und nach auch der Rest dieser Sitzgruppe, und nur noch ein winziger Hauch von orangefarbenem Plastik schimmerte durch das neue Grün. Damit war der Zeitpunkt gekommen, meine eigenen Gartenmöbel neu zu verteilen. Dabei handelt es sich um eine Sammlung guter alter Korbsessel, die unglaublich viele Stunden Sitzerei ausgehalten haben und die einem zahllose Korbsplitter in Schenkel und Knie bohren. (Einer davon brach eines Tages zusammen, als sich eine Besucherin, eine ziemlich übergewichtige Frau aus dem Dorf, hineinsetzen wollte. Sie kippte in einen blühenden Rhododendronbusch. Zweige und Blüten wurden zerquetscht, und die Hummeln summten erschrocken um sie herum, doch glücklicherweise überstand sie den Unfall unversehrt.) Da ich mir sicher war, daß meine Sessel nun keinen Streit mehr mit ihren monströsen Kollegen von der anderen Seite anfangen würden, stellte ich sie in ein gemütliches Eck bei der Hecke, wo sie bis auf den heutigen Tag glücklich und zufrieden weiterleben.

Auch auf der anderen Seite des Hauses verbesserten sich die Aussichten. Das Auto meines Nachbarn war nicht mehr zu erkennen, und von seinem neuen Unterstand schwebte nur noch das unsägliche, einzigartig giftgrüne Dach deutlich sichtbar vor meinem Küchenfenster. Doch das Wissen, daß spätestens nach weiteren sechs Sonnenwenden auch diese Scheußlichkeit hinter saftigem Grün verschwinden würde, erleichterte mir das Leben beträchtlich.

Derweil lautete die Frage, die im wahrsten Sinne überlebensgroß am Horizont dräute, ob es gelingen würde, das Haus gegenüber mit seiner widerwärtigen Verkleidung aus meinem Blickfeld zu verbannen. Obwohl der Bau nur einstöckig ist, sah es zu jenem Zeitpunkt nicht danach aus; ein Haus hat irgendwie geheimnisvolle eigene Kräfte, und es hätte sein können, daß es sich, und sei es nur, um mich zu ärgern, weigern würde, unsichtbar zu werden. Also blieb nur die Alternative, mich an seine Existenz zu gewöhnen.

Ich *habe* mich daran gewöhnt, denn Menschen sind anpassungsfähig und gewöhnen sich letztlich an nahezu alles. Deshalb habe ich zunächst einmal gar nicht gemerkt, daß die beständig vordringende Verseuchung des modernen Lebens allmählich verschwand. Jedenfalls nicht, ehe meine erwachsen gewordene Hecke ihren ersten richtigen Schnitt brauchte. Das war im letzten Jahr. Getreu meinen Prinzipien benutzte ich eine altmodische Gartenschere und schnippelte fröhlich an meiner Hecke herum. Ich brauchte den ganzen Tag, und bis ich fertig war, taten meine Arme so weh, daß ich sie kaum noch bis zur Schulter heben konnte. Doch das Ergebnis war höchst zufriedenstellend, und als ich zurücktrat, um mein Werk zu bewundern, merkte ich plötzlich, daß ein Wunder geschehen war: Das Haus auf der anderen Straßenseite war nahezu unsichtbar geworden! Nur sein niedriges Dach spähte noch über die Hecke. Es grüßte mich und entschuldigte sich gewissermaßen. »Störe ich dich?« schien es zu fragen. »Ich gehöre schließlich, auch wenn ich nur ein Dach bin, zu den Lebensnotwendigkeiten, und du kannst mir doch deshalb nicht böse sein. Schau, wie schön verwittert ich bin.« Das Dach hatte natürlich recht; ich war ihm nicht böse. Wie sollte ich auch? Im Gegensatz zu der Verkleidung war es in der Tat wunderbar verwittert, es hatte eine angenehme Grünschattierung angenommen, durchsetzt mit Flechten in faszinierendem Türkis und Orange.

Dieses Jahr im Frühling wurde meine Hecke endgültig zu einer undurchdringlichen grünen Mauer. Es war wieder nötig, ihr einen kräftigen Schnitt zu verpassen, und das erwies sich als nahezu unlösbare Aufgabe. Um die Oberkante zu erreichen, mußte ich gefährliche akrobatische Kunststücke auf einer Leiter vollführen. Aus purem Selbsterhaltungstrieb, wie ich mir einredete, entschloß ich mich zu einem Kompromiß: Ich kaufte eine riesige, *nicht-grüne* elektrische Heckenschere, die beste und größte, die für Geld zu haben war. Auch ich bin schließlich nur ein Mensch, und nichts Menschliches ist mir fremd; manchmal muß man um seiner Bequemlichkeit willen Konzessionen machen. Zum Glück muß ich sie nur ein- oder zweimal pro Jahr benutzen, und ich bin mir absolut sicher, daß das keine allzu große Belastung für die Umwelt darstellt. Und mir erscheint dieser Preis auch nicht zu hoch angesichts der Gewißheit, daß mein eigenes winziges Scheibchen vom Planet Erde im neuen Jahrtausend *grün* sein wird.

Jenseits des Gartentors

EINEN GARTEN ZU haben, bedeutet nicht nur, zu planen und zu pflanzen, zu graben und zu hacken, zu schneiden und zu säen. Abgesehen davon, daß es all das zuvor Genannte bedeutet, ist es vor allem eine Lebensform. Für den wahren Gärtner ist es wohl die *einzige* Lebensform. Ohne seine Rabatten und Beete, ohne seine Lilien und seinen Flieder würde er wahrscheinlich vor Gram vergehen und zu etwas werden, das große Ähnlichkeit mit einem verwelkten Salat im Regal des Gemüsehändlers hat.

Oberflächlich betrachtet erscheinen andere Dinge immer wichtiger. Grundlegende Beschäftigungen wie essen, trinken und schlafen oder, schlimmer, seinen Lebensunterhalt zu verdienen beanspruchen einen wesentlichen Teil unseres Lebens. Was mich angeht, so halte ich die für so banal, daß ich sie nur widerstrebend anführe. Das ist vielleicht eine zu kühne Behauptung, und sie stimmt auch nicht ganz: Nach einem Tag voll Arbeit im Garten ist ein gutes Essen der ideale Abschluß, und die Freude, an einem verträumten Sommernachmittag sein Lieblingsgetränk im kühlen grünen Schatten des eigenen Kastanienbaums einzunehmen, übersteigt möglicherweise sogar die Glückseligkeit einer Aufnahme ins Paradies. Was aber das Verdienen des Lebensunterhalts angeht, bin ich mir nicht so sicher. Ich kann mir nichts Lästigeres vorstellen, das der Gartenarbeit entgegensteht, und ich würde mich lieber mit der Attacke einer ganzen Armee von Schnecken oder den Verheerungen eines heftigen Sturms im späten Frühling auseinandersetzen. Wenn ich den Garten auch nur einen einzigen Tag lang alleinlassen muß, um so etwas Vulgärem wie dem Geldverdienen nachzugehen, fühle ich mich immer wie eine Rabenmutter, die ihr Kind in der Obhut eines unfähigen Kindermädchens zurückläßt.

Unglücklicherweise muß ich erheblich gemeiner und treuloser als die meisten Gärtner sein, denn Weltreisen sind ein wesentlicher Bestandteil meiner Arbeit. Da Sie sich an dieser Stelle sicher erstaunt fragen werden, was denn Weltreisen und Gartenarbeit miteinander zu tun haben, bin ich Ihnen eine Erklärung schuldig: Ich arbeite für eine Firma, die viele große und luxuriöse Schiffe besitzt. Sechs Monate im Jahr verbringe ich an Bord dieser Dampfer, die die sieben Weltmeere durchpflügen und bis weit hinter den Horizont fahren. Im allgemeinen genieße ich es ziemlich, daß mein Arbeitsplatz die Welt ist, und ich freue mich wirklich, Tausende von Menschen zu treffen (wahrscheinlich schüttele ich mehr Hände als die englische Königin), doch immer, wenn das Gartentor hinter mir ins Schloß fällt, weil ich mich einmal mehr an Bord begeben muß, stirbt etwas in mir.

Einige von Ihnen, für die Reisen das allerschönste Abenteuer sind, werden jetzt möglicherweise höhnisch grinsen und mir vorwerfen, daß ich verwöhnt bin. Wahrscheinlich haben Sie recht: Ich bin reichlich blasiert. Sie werden jetzt empört erklären, daß Sie nur zu gern Ihren hübschen kleinen Garten gegen einen noch hübscheren Aufenthalt auf irgendeiner exotischen Insel eintauschen würden. Daß Sie es einfach nicht erwarten können, zu einer Expedition in ein Land aufzubrechen, das so weit entfernt ist, daß man nicht einmal seinen Namen kennt. Daß Sie jederzeit mehr als bereit sind, Ihren Horizont zu erweitern, indem Sie zu ihm aufbrechen. Doch glauben Sie mir, nach 1 972 543 Seemeilen rund um die Welt werden Sie wahrscheinlich feststellen, daß fremde Länder und Gegenden nicht exotisch, sondern nur anders sind. Selbst die bunteste Orchidee wird etwas von ihrem Glanz verlieren; statt dessen wird sie in Ihnen eine tiefe, melancholische Sehnsucht nach Ihrem einfachen Geißblatt wecken. Das heisere Kreischen der wilden Papageien hört auf, aufregend zu sein, und beginnt, Ihrem Trommelfell weh zu tun; mit Vergnügen würden Sie Ihren letzten Cruzeiro geben, Ihre letzte Rupie oder welche Währung Sie auch immer gerade in Ihrer Tasche haben, um eine einzige Minute lang dem Schlagen einer Nachtigall zu lauschen.

Denn Sie sind, müssen Sie wissen, ein wahrer Gärtner, und Sie tragen die Erinnerung an Ihren eigenen Garten immer in Ihrem Herzen. Egal, wo auf der Welt Sie sich auch befinden (oder auf welchem anderen Planeten, falls der unwahrscheinliche Fall eintritt, daß Sie dies im Jahr 2296 lesen), ein geheimnisvolles Band wird sie immer an Ihr eigenes Fleckchen Erde fesseln. Sie können keine Bromeliazee sehen, ohne an die Mistel auf Ihrem alten Apfelbaum zu denken. Und der erste Anblick einer gewaltigen *Victoria amazonica* wird in Ihnen Heimweh auslösen nach Ihren entschieden weniger majestätischen Seerosen auf dem bescheidenen Teich, den Sie mit eigenen Händen ausgehoben haben.

Nur das sichere Wissen darum, daß Sie früher oder später – vorzugsweise früher – wieder mit all Ihren floralen Lieblingen vereint sein werden, daß Sie den Lavendel an der Südseite des Hauses riechen und daß Sie sehen werden, wie die Distelfalter um das *Sedum spectabile* flattern, bewahrt Sie vor einem Nervenzusammenbruch. Währenddessen schlendern Sie in schweißdurchtränkten, bunten Baumwollsachen durch die Hitze und Abgase der extravaganten Copacabana in Rio de Janeiro, und Sie merken, daß es unendlich viel schöner wäre, in Tweed und Köper mit Ihrem Hund durch die Felder bei Ihrem Haus zu streifen und sich einen belebenden Regen ins Gesicht peitschen zu lassen.

Bitte verstehen Sie mich nicht falsch, vor allem, wenn Sie in wärmeren Gegenden leben und der Garten hinter Ihrem Haus zufällig ein saftiger Dschungel oder gar ein goldener Wüstenstreifen ist. Jeder Dschungel ist ein wunderbares Beispiel für die botanische Architektur der Natur, und die Heilkräfte der Wüste sollten nicht unterschätzt werden. Trotzdem, Sie würden genau dasselbe empfinden, wenn auch mit anderen Vorzeichen: Nachdem der Gesang einer Nachtigall nichts Neues mehr für Sie ist, wird er Ihnen auf die Nerven gehen. Er wird Ihnen den Schlaf rauben, und Sie werden feststellen, daß Sie sich nach dem vertrauten Ruf des Kakadus sehnen. Oder hoffen, daß sich dieser erdrückende graue Himmel endlich aufhellt und ein Sonnenstrahl durch diese alles durchdringende feuchte Kälte fällt, und sei es auch nur für eine Minute. Und Sie würden ein Vermögen dafür geben, wenn Sie diese schweren Stiefel ausziehen, barfuß durch Ihren eigenen Garten toben und einen Arm voll roter Flamingoblumen pflücken könnten. Denn zu Hause blühen die Blumen am buntesten und sind die Düfte am süßesten.

Damit Sie nicht zu dem Schluß kommen, daß ich unter einer merkwürdigen Form von Xenophobie leide, muß ich unbedingt hinzufügen, daß ich bei zahllosen Gelegenheiten die Schönheit von Gärten an allen Enden der Welt bewundert und beneidet habe. Ich erinnere mich an einen winzigen, versteckten Hof in Athen, wo eine alte, knorrige Bougainvillea sich um Stücke fein bearbeiteten Marmors wand. Das üppige Violett der Blütenzweige vermischte sich mit dem Gold der Mittelmeersonne und mit einem kleinen Streifen intensiven Blaus, der zwischen den Dächern der stillen, alten Häuser zu sehen war – ein Anblick, der mich fast zu Tränen rührte, ein Moment reinsten Zaubers.

Ein anderes Mal entfloh ich verzweifelt dem pittoresken, aber schmuddeligen kleinen Hafen auf der Insel Grenada, wo verschwitzte, in Polyester gekleidete Touristen sich in großen Mengen um zahllose T-Shirt-Stände drängten. Ich verzichtete auf die Dienste von zweihundertvierundsiebzig hartnäckigen Taxifahrern, kehrte der kleinen Stadt St. George den Rücken und ging einen Hügel hinauf. Plötzlich fand ich mich allein in der grünen, geheimnisvollen Stille der früheren botanischen Gärten wieder. Ich war in eine völlig andere Welt geraten! Hier gab es eine faszinierende Harmonie zwischen Hunderten von tropischen Baumarten, Büschen, mit Bromeliazeen bewachsenen Zweigen und Kletterpflanzen zu bewundern, die sich selbst überlassen waren, aber trotzdem prächtig gediehen – eine getreue Wiedergabe des Laisser-faire Westindiens.

Doch im Hintergrund dräut immer der Geist meines eigenen Gartens. Er folgt mir überallhin. Das kräftige Orange einiger namenloser tropischer Blumen läßt mich sofort an die lodernden spätherbstlichen Orange- und Rottöne meiner vertrauten Berberitze denken. Der Anblick eine turmhohen Mangobaums führt unweigerlich dazu, daß ich mich in Trübsinn ergehe, weil er mich an meinen bescheidenen, eineinhalb Meter hohen Apfelbaum erinnert, der letztes Jahr drei Früchte getragen hat und in diesem Jahr wegen des späten Frosts wahrscheinlich gar keine haben wird.

Doch irgendwann kommt dann doch der wunderbare Moment, und ich höre wieder, wie mein Gartentor ins Schloß fällt, aber diesmal befinde ich mich drinnen. Ich hole tief Luft und schaue mich um: O ja, ich hatte vergessen, daß Winter herrscht. Die Bäume sind kahl. Die mehrjährigen Pflanzen schlafen (ich schwöre, daß ich ihr Schnarchen hören kann), die einjährigen sind verschwunden. Es ist fast wie im Traum: Vor zwölf Stunden befand ich mich noch Angesicht zu Zweig mit einem mir unbekannten tropischen Baum; seine üppig leuchtendrote Blütenpracht blendete so sehr, daß ich in Verzückung geriet, und sein Bild ist noch auf meiner Retina geblieben. Das einzige Rot, das mich jetzt grüßt, ist eine einsame und verlassene Rose, die vom ersten Frost konserviert wurde. Einen stärkeren Kontrast kann man sich innerhalb einer solch kurzen Zeitspanne kaum vorstellen. Doch nichts auf der Welt könnte mich dazu bringen, diese Rose gegen einen ganzen Wald tropischer Bäume zu tauschen, egal, wie großartig sie auch sind. Denn zum hundertstenmal habe ich festgestellt: Am besten duften Blumen, am grünsten ist das Gras und – im Gegensatz zu dem alten Sprichwort – am süßesten sind die Kirschen auf meiner Seite des Gartentors.